GUÍA
práctica

PARA EL
DISCIPULADO
Y LAS
MISIONES

ESTRATEGIAS BÁSICAS
PARA EL CRECIMIENTO
DE LA IGLESIA

Dr. Heberto J. Becerra

Editorial CLIE
www.clie.es

EDITORIAL CLIE
C/ Ferrocarril, 8
08232 Viladecavalls
(Barcelona) ESPAÑA
E-mail: clie@clie.es
http://www.clie.es

©2021 por Heberto J. Becerra

Guía práctica para el discipulado y las misiones
ISBN: 978-84-18204-17-3
Depósito Legal: B 2961-2021
Ministerio cristiano
Discipulado
Referencia: 225145

Impreso en Estados Unidos de América / *Printed in the United States of America*

Índice

ÍNDICE

Reconocimientos

El autor desea expresar palabras de gratitud a: La Primera Iglesia Bautista Hispana de Plantation, Florida, por permitirme tomarla como modelo para la implementación y puesta en práctica del proyecto o Disertación hacia el Doctorado en Ministerios; mi esposa Gladys e hijos, Mabel, Abner, Herbert, Jacqueline y Belkis; mi amable secretaria, Rebeca Alpizar; mis distinguidos profesores Dr. Gustavo Suárez y Dr. Bob Sena.

Aprecio el trabajo de Carolyn Wright en la perfección del sistema Turabian.

Agradezco las enseñanzas de todos los profesores que nos impartieron los seminarios o clases durante todo el proceso de estudios, entre ellos, Dr. Daniel Sánchez y Dr. Joe Hernández, y el Dr. Ruddy González.

Gracias a todos por ayudarme, guiarme y orar por mí durante todo el período de preparación, ejecución y presentación del proyecto.

Resumen

El propósito de este proyecto fue presentar evidencias medibles sobre el *discipulado* y las *misiones* como columnas básicas en el crecimiento y desarrollo de cualquier iglesia.

El laboratorio que el autor utilizó consistió en la puesta en práctica de la acción discipular y misionera dentro de la Primera Iglesia Bautista Hispana de Plantation, Florida.

El autor realizó investigaciones a nivel de Pastores, Asociación, Convención e Iglesias para conocer las diferentes vertientes existentes en la actualidad.

El resultado de la investigación realizada por el autor mostró que sus puntos de vista eran válidos y los resultados fueron medidos a través de encuestas, entrevistas y análisis.

CAPÍTULO 1

Ensayo de investigación

Análisis de retos, necesidades y oportunidades

Siendo que este proyecto tiene como propósito fundamental demostrar que las dos opciones básicas para convertir una iglesia en una fuerza sin precedentes es el discipulado y el trabajo misionero, paso de inmediato a identificar los retos, necesidades y oportunidades dentro de mi contexto ministerial. Creo que esto me ayudará a exponer después los planteamientos que conducirán a la Primera Iglesia Bautista Hispana de Plantation a convertirse en laboratorio, taller y modelo para orientar también a otras congregaciones que han descuidado las dos premisas estratégicas antes expresadas, o sea, el discipulado y las misiones.

Entre nuestros vastos retos existentes, podemos subrayar los siguientes: niños que carecen de una conducción adecuada en sus hogares; jóvenes disociados por el hecho de no haber tenido de niños las bases que pudieran haber contribuido a una formación ético-espiritual necesaria; madres solteras; padres irresponsables; ancianos recluidos en centros para quienes no tienen familiares que los cuiden en los años más vulnerables de la vida; la secularización predominante de esta época posmoderna; la rampante inmoralidad sexual; la inseguridad en las calles; la ambivalencia de las iglesias con sus relajamientos doctrinales y sus estructuras que funcionan para satisfacer las emociones y no la Palabra; la relatividad hermenéutica con la que hoy se enseña lo que Jesús estableció; las diferentes "olas" que van y vienen en los círculos cristianos, donde el hombre de hoy asume posturas doctrinales no adecuadas, poniendo en riesgo la correcta eclesiología. Estos son nuestros retos, porque formamos parte de la red religioso–existencial de la hora presente.

La experiencia, basada en frustraciones, situaciones de conflictos, necesidades apremiantes no satisfechas y crecimiento y desarrollo lento, me condujeron a dar mayor énfasis al trabajo de discipulado y misiones. Descubrí que este era el generador de entusiasmo, impulsor y creador de la dinámica que nuestra iglesia necesitaba. Cuando estos recursos, en armonía con la obra del Espíritu Santo fueron puestos en acción sistemática y continua el trabajo comenzó a crecer y las dificultades cedieron su espacio a la carrera del éxito.

Una obra que me impresionó al leerla fue *The American Church in Crisis* de David T. Olson. Esté autor subraya que, solamente el 14% de los norteamericanos asisten a una iglesia evangélica y añade, la población americana sigue creciendo, mas la iglesia va quedando atrás. De continuar así para el 2020 el porcentaje de norteamericanos que asistan a la iglesia será la mitad de lo que era en 1990. Según Olson desde el 2001 al 2007 la asistencia a los cultos ha bajado un 10% en cualquier iglesia llamada protestante. Cita ejemplos tales como la iglesia Episcopal la cual bajó 4.9% en asistencia entre el 2006 y 2007. La iglesia Luterana bajó 3.8% la Presbiteriana de los Estados Unidos bajó 2.8% la Iglesia Unida de Cristo bajó 3.1% y la Metodista bajó 2.3%. Si esas pérdidas siguieran en los próximos diez años, la reducción de esas iglesias será impactante.

La iglesia Católica. por los resultados de sus escándalos por los abusos ejercidos por sus sacerdotes. provocó que las misas bajaran un 11% del 2000 al 2007. En relación con el aumento de la población, su decline aumenta al 17%. El Dr. Olson usa tres verbos claves para salir al encuentro de estas situaciones: Decaer, edificar y restaurar, y cita el poema de T.S. Eliot, "The Rock": "Y la iglesia tiene que estar siempre edificando, y siempre decayendo, y siempre restaurada".[1]

---

[1] David T. Olson, *The American Church in Crisis: Groundbreaking Research Based On a National Database of Over 200,000 Churches* (Grand Rapids: Zondervan, 2008), 17, 55, 180.

He comprendido que los aparentes obstáculos de la iglesia son parte de su mundo existencial y que ella es llamada a revaluar sus proyecciones, identificar sus barreras, trazar nuevas metas y tomar los escollos como incentivos para marchar sin temor sabiendo que "El que comenzó en nosotros la buena obra la perfeccionará hasta el día de Jesucristo" (Filipenses 1:6). En la marcha y visualizando las circunstancias ambientales, luego de oración y análisis abordamos el susodicho proyecto. Las mejores lecciones surgen en medio del entorno en el que nos movemos y muestran los pasos necesarios para lograr resultados concretos.

Los retos los hemos tomado como oportunidades para desarrollar una iglesia fuerte, estable y en crecimiento continuo y ascendente. Cada iglesia tiene sus características específicas pero todas tienen en común la sociedad y el mundo en que ministran. Al trazar lineamientos y proyecciones hay pues que observar nuestro entorno local pero sin perder de vista la cosmovisión de las limitaciones, situaciones y características de esta hora posmoderna y sus implicaciones sociales, económicas, éticas, políticas y religiosas.

He observado que hay pautas que deberán seguirse si queremos que las metas sean satisfechas. Subrayo entre ellas las siguientes:

1. No olvidar que nuestro Dios es un Dios dinámicamente activo.
2. Valernos de cualquier método auténtico que nos conduzca a ganar a los que aún están sin Cristo.
3. Observar con ojos bien abiertos el entorno posmoderno que nos circunda.
4. Aunque los tiempos son muy distintos, observar con atención el modelo de la iglesia primitiva.
5. Es la hora en que los seminarios extiendan sus influencias a fin de tener pastores adecuadamente entrenados.
6. Aumentar la visión hacia la necesidad de formar otras iglesias.
7. Las denominaciones necesitan aprender cómo desarrollar nuevas estructuras basadas en las necesidades del sujeto de hoy.
8. El discipulado debe convertirse en acción, no solamente entrenadora, sino formadora y creadora, dejando trabajos comunitarios que demuestren la efectividad del mismo.

9. El libro de los Hechos y la obra del Espíritu Santo necesariamente necesitan ser contextualizados en la iglesia de hoy.

Análisis contextualizado de nuestro contorno ministerial

Las respuestas a las siguientes preguntas arrojan el resultado sobre la investigación a los problemas más acuciantes de nuestra comunidad. Las preguntas fueron hechas a diferentes líderes y pastores. Sus nombres aparecerán al final del capítulo.

Ensayo de investigación de la comunidad

Cuestionario sobre el lugar de mi ministerio enfocado sobre la comunidad:

Patrón de crecimiento.
Necesidad percibida.
Eficacia del ministerio.
Tipo de personas que están siendo alcanzadas.
Problemas.
Oportunidades percibidas.
Preguntas (escala de Likert y abiertas).
Entrevista Realizada a doce personas. (Tendencias, oportunidades, fracasos, retos y/o necesidades de mi iglesia o ministerio).
Sumario de las entrevistas.
Sumario Histórico.

Ensayo sobre "La Primera Iglesia Bautista Hispana de Plantation"

Plantation es una ciudad del Condado de Broward en el estado de Florida. Situada en el área metropolitana de Miami-Fort Lauderdale. Esta ciudad por el hecho de estar estratégicamente ubicada en el centro de estas dos grandes ciudades experimenta un índice de crecimiento de un 23.6% de 1990 al 2000 y del 2000 al presente un 2.33% más.

Hay cuatro razones fundamentales que hicieron que Plantation se convirtiera en una gran ciudad. La primera fue producida por la catástrofe ocasionada en Miami por el Huracán Andrew en 1992. Después de esto miles de familias decidieron venir a vivir a Plantation y sus alrededores. La segunda razón de crecimiento se debe al hecho de que esta área representa un sitio de mayor seguridad para formar familias. Las escuelas (32 privadas) y el sistema de vida social, ofrecen un margen de tranquilidad y bienestar para niños, jóvenes y personas de la tercera edad. Esta zona representa un gran reto para las iglesias siendo que al aumentar vertiginosamente la población, aumentan también las oportunidades y necesidades espirituales de la misma.

Observamos que las iglesias no han provisto los medios adecuados para alcanzar la población circundante. La ciudad de Plantation posee más iglesias bautistas que el resto de las ciudades del condado Broward, pero con todo y ello, el personal disponible, los medios económicos y la dinámica pastoral no responden adecuadamente a las situaciones del medio que nos rodea.

Los ministros del área son personas dedicadas y dispuestas, pero algunos de ellos trabajan a medio tiempo y por supuesto esto los limita en gran manera. Algunos tienen una buena educación teológica, mientras otros adolecen de la misma. En el área de Fort Lauderdale solamente tres iglesias hispanas tenemos edificios propios; las demás tienen que alquilar otros espacios y esto acarrea una limitación tremenda.

A pesar de que hay iglesias fuertes en el área e inclusive megaiglesias, no todo tipo de personas están siendo alcanzadas. Los hispanos, afroamericanos y anglosajones son los más alcanzados. Los de clase media y los más pobres están siendo sensibles a la predicación del evangelio, pero hay mucho campo para la siega. Esto está basado en mi apreciación personal y en mi relación con pastores e iglesias. Los problemas más apremiantes son los siguientes:

1. Ineficacia del trabajo asociacional. En estos momentos *Gulf Stream Baptist Asociation* no tiene un director ejecutivo, por lo que su trabajo, entre otras razones, resulta pobre e inefectivo.

2. La situación económica es acuciante y esto limita el trabajo de las iglesias.

3. Las iglesias no poseen un trabajo eficiente para llegar a las personas bajo situaciones especiales (drogadictos, alcohólicos, prostitutas, indocumentados y jóvenes adultos).

Las oportunidades percibidas son múltiples, entre ellas: Los grupos antes mencionados representan un reto y ofrecen grandes oportunidades. Las personas están siendo adoctrinadas por sectas religiosas. Hay familias disfuncionales, ancianos en asilos, personas sin trabajo, padres solteros, y falta asistencia en términos legales, económicos y de inmigración. Observamos un declive notable en la juventud, siendo que esta es un área eminentemente turística y ello representa un campo propicio para el juego, las drogas y todo tipo de perversiones.[2]

La Primera Iglesia Bautista Hispana de Plantation, Florida, tuvo sus comienzos en el año 1968 gracias al hermano Francisco Platillero, laico en una iglesia de Miami, quien abrió una obra con los hermanos Hernández en la iglesia *Riverland Baptist Church*. En el 1971 el Rev. O. García siguió esta obra a la cual se le agregaron las familias Graña y Leal. En septiembre de 1972 comenzaron un culto de oración con el propósito de orar por un local propio y adecuado para la oración y la adoración.

Hortensio Delgado donó a los hermanos un sitio localizado en el 556 S.W. 12 Avenida, Ft. Lauderdale, el sitio resultó ser "*Smitty's Riverside Bar*" pero para la gloria de Dios este bar se convirtió en el "Templo Bautista Jerusalén" y el 1 de julio de 1973 se inauguró su primer servicio bajo el pastorado del Rev. Oscar F. García.[3] [4] En agosto de 1973 se publicó un artículo en el Periódico "El Puente" del Departamento de Idiomas de Florida Baptist Convention, titulado "Se convierte el bar Smitty's en el Templo Bautista Jerusalén".[5] En abril de 1975 la iglesia comienza a

---

[2] Cuestionario sobre la Comunidad.
[3] Boletín del Templo Bautista Jerusalén, 1 de julio, 1973.
[4] Ft. Lauderdale News Sun-Sentinel, 22 de octubre, 1972.
[5] Periódico "El Puente" de la *Lenguage Mission Florida Baptist Convention*.

reunirse en el área de Plantation situada en Peters Rd. y la 55 Avenida en la ciudad de Plantation con una asistencia de 80 personas.[6]

Nuestra iglesia hermana, la *First Baptist of Ft Lauderdale*, además del soporte pastoral, comenzó a hacer frente a los pagos de amortización de la propiedad. Cada año comenzaron a asumir más del pago hasta que en el año 1980 lo tomaron por completo y tiempo después fue pagado completamente.[7] El nombre Templo Bautista Jerusalén fue cambiado en 1995 ya siendo yo pastor al nombre actual.[8] La Primera Iglesia Bautista Hispana de Plantation ha tenido como pastores a los siguientes hermanos: Rev. Oscar F. García 1971 - 1986; Rev. Daniel Hernández 1986 al 1989; José L. Riverón 1990 - 1992 y un servidor del 1994 al presente.[9]

Según visualizo, nuestra iglesia ha dado un giro notable en los últimos cinco años; observo cuatro factores (entre otros menos notables) que han contribuido al logro de estas tendencias. Primero la visión y acción misionera de la iglesia. Hemos abierto obras y/o respaldamos trabajos misioneros en Indonesia, China y varios países en África y América Latina. El 25% del presupuesto de nuestra iglesia está dedicado al trabajo misionero y la plantación de iglesias.

Una vez al año visitamos Nigeria donde hemos construido una casita que nos sirve de refugio cada vez que llegamos allá. Nuestro trabajo está localizado en Baudá, cerca de Jos en la provincia de Plateu y trabajamos entre los Hausas. Entre las cosas notables que el Señor nos ha permitido realizar allí, se encuentra la terminación de una capilla y la conversión de varias personas, incluyendo la de dos jefes de tribus.

La comunidad Hausa, radicada en ese sitio por más de 200 años, nunca tuvo agua potable. En incipientes vasijas de lata y barro cargaban el preciado líquido obtenido en las márgenes de un arroyuelo que dista sobre media milla de donde está la villa. Valiéndonos de una compañía cuyo dueño es musulmán, logramos abrir un pozo y desde entonces (un año atrás), la comunidad posee agua potable. El trabajo en esas regiones es duro y sacrificial pero bendecido por el Señor.[10]

---

[6] Periódico El Heraldo de Broward, 1975.
[7] Boletín Templo Bautista Jerusalén, 1980.
[8] Acta de Junta de Negocios, P.I.B.H.P, 23 de agosto, 1995.
[9] Constitución de la Primera Iglesia Bautista Hispana de Plantation, 1996.
[10] Informe viaje Misionero a Nigeria, 31 de agosto, 2007.

En la revista hispana *Movilización Hispana IMB* se publicó el siguiente artículo:

"La Primera Iglesia Bautista Hispana de Plantation en Florida apoya con gran entusiasmo a la ofrenda misionera. Usan los materiales de Lottie Moon, especialmente los videos, para concientizar y desafiar a la gente. Realizan una semana misionera cada año con misioneros invitados, talleres, conciertos, etc. Además de las ofrendas individuales, el 25% del ingreso anual de la iglesia se designa para misiones.

Todo esto ha llevado a la iglesia a apoyar a misioneros en varios países y a adoptar una etnia en Nigeria. Además de llevar el mensaje de salvación a esta etnia, la iglesia se esforzó para financiar la perforación de un pozo de agua. Cuando el pastor local dedicó el pozo, anunció que el pozo es para el uso de todas las tribus vecinas – musulmanes, cristianos y animistas – como testimonio del amor de Jesús".[11]

Hace aproximadamente cinco años que llegamos a la frontera Sur de la República Dominicana con Haití. Alrededor de tres veces al año visitamos esa vasta y pobre región llevando el mensaje y realizando diversas actividades tales como: operaciones médicas, preparación de líderes, predicación del evangelio y compra de terrenos donde en la actualidad ya existen pequeños templos que albergan a cientos de fieles cada semana. Hemos creado dos escuelas de idiomas para enseñar a leer y escribir en español a los haitianos radicados en esas regiones. En los últimos meses graduamos 162 estudiantes.

Hemos construido una capilla en la cárcel de la ciudad de Pedernales y un gran número de reclusos han venido a los pies del Señor. Hemos plantado cinco iglesias en un período de cuatro años con una asistencia cada semana de alrededor de 500 personas, en su mayoría haitianos, pero también dominicanos. En el verano del 2011 llevamos un grupo de jóvenes y celebramos Escuelas Bíblicas de Vacaciones en las cinco iglesias con una asistencia de 1.400 niños.[12]

[11] Movilización Hispana. IMB. Libro de Devocionales. *"El Propósito de la Iglesia"*. 2012. 2.
[12] Informe Misionero Viaje a República Dominicana, julio, 2011.

En enero del 2012 tuvimos actividades en las cinco nuevas iglesias, tales como: predicaciones, trabajo evangelístico, bautismos, la boda del joven misionero que tenemos allí, luego también de un pastor haitiano. Repartimos 400 juguetes a niños que nunca habían tenido uno. Luego cruzamos la frontera y llegamos a Anse a Pitre, primera ciudad de Haití al pasar los límites entre los dos países, predicando en un sencillo templo con un pastor que tiene más de noventa años de edad.[13]

Acabamos de regresar de otro viaje a Haití (del 10 al 16 de octubre del 2012) y logramos los siguientes resultados: seis bautismos, la boda de un pastor, entrenamientos a pastores y líderes, predicación en la cárcel de Pedernales y la graduación de 92 estudiantes en la escuela de idiomas. También llevamos a cabo talleres para hombres, damas y pastores. Continuando con los aspectos de toda índole que han provocado una nueva dinámica en nuestra iglesia pasamos ahora al segundo aspecto:[14]

Un regreso a la dinámica del discipulado, ahora continuo y sistemático. Estos han sido algunos de los materiales utilizados:

1. *Cautivado por la Grandeza de Dios*. James MacDonald. Editorial Unilit.
2. *El Corazón del Creyente*. Beth Moore. Broadman and Holman Publishers.
3. *Creer a Dios*. Beth Moore. Broadman and Holman Publishers.
4. *Jonás*. Pricilla Shirer. Broadman and Holman Publishers.
5. *Daniel*. Beth Moore. Broadman and Holman Publishers.
6. *El Discípulo Amado*. Beth Moore. Broadman and Holman Publishers.
7. *I Kissed Dating Goodbye*. Joshua Harris. Multnomah Books
8. *El Hombre Frente al Espejo*. Patrick Morley. Editorial Vida.
9. *La Resolución para Mujeres*. Pricilla Shirer. Broadman and Holman Publishers.
10. *La Resolución para los Hombres*. Stephen Kendrick. Broadman and Holman Publishers.
11. *I'm a Christian Now*. Todd Capps.

---

[13] Informe Misionero Viaje a Pedernales en Rep. Dominicana, enero, 2012.
[14] Viaje Misionero, octubre, 2012. Informe Pastoral.

12. *Estudio de Cantar de los Cantares*. Heberto Becerra, Carlos Rodríguez y Jorge Rodríguez.
13. *40 días en la Palabra*. Rick Warren. Saddleback Resources.
14. *Administración de la Vida*. Rick Warren. Saddleback Resources.[15]

El tercer aspecto ha sido el trabajo celular o de grupos pequeños en las casas. El cuarto aspecto ha sido la dinámica de los servicios que ahora tienen mejor calidad musical, cuentan con el uso de medios tecnológicos, y en los que hay una mayor participación del pueblo y unas alabanzas más contemporáneas.

Los factores antes señalados han provocado un mayor entusiasmo, líderes preparados y siempre dispuestos al servicio, dedicación de los miembros, finanzas sobre presupuesto, mayor asistencia a los servicios e incremento en la membresía y nuevos campos misioneros. A todo esto se suma la adquisición de un pastor asistente a tiempo completo.

Oportunidades

Siendo que la dinámica de la iglesia ha cambiado, nuevas oportunidades se han abierto. Entre ellas: un mayor número de personas ministrando a los demás, incremento en la población infantil y de jóvenes, cosa que nos facilita un trabajo más amplio y eficiente; la incorporación del inglés en las clases de niños y jóvenes, y la traducción simultánea en los servicios de la iglesia.

Están llegando nuevas familias a la iglesia y tenemos mejores estilos de vida cristiana que nos sirven de palanca para alcanzar a otros. Fort Lauderdale ha pasado de 400 habitantes en 1911 a dos millones en estos momentos, resulta un campo blanco para la siega.[16] Fort Lauderdale presenta una composición étnica muy interesante. Esta es una de las zonas con mayor número de judíos del país, una creciente población hispana y una sólida representación de estadounidenses. Esta diversidad étnica abre las puertas para una gran oportunidad de servicio y evangelización.

[15] Ministerio Discipulado directora Jacqueline Becerra, informe trimestral, 2012.
[16] *Florida Collection* Tomo II, Helen B. Hoffman Plantatition Library, 77. 1973. 2.

Estas razones nos han conducido al hecho de ministrar a jóvenes y niños en el idioma que sea más cómodo para ellos.

Fracasos

Por años estuvimos practicando métodos evangelísticos y educacionales que por no responder a las exigencias de esta era posmoderna nos tuvieron sumergidos en un *status quo* que no nos dejó avanzar a la velocidad que deseábamos. Viejos patrones, resistencia a los cambios, tradiciones culturales, sistemas de adoración "prehistóricos" provocaron fracasos y pérdidas que hoy lamentamos. Sumase a todo esto la falta de condiciones físicas que antes teníamos.

Retos y necesidades

El programa del Doctorado en Ministerio ha abierto muchas fronteras a mi entendimiento ministerial. Además, nuestros líderes han sido sensibles a las directrices del Espíritu Santo y a las orientaciones recibidas. Hemos salido al encuentro de los "gigantes" del pasado, y creemos que será necesario un mayor número de líderes para responder a las apremiantes necesidades circundantes. La población ha crecido y con ello también el pecado y la proliferación de agentes satánicos. Prostitución, centros de homosexualidad, bares, hoteles especiales dedicados al pecado, crecimiento de la drogadicción y otros fenómenos sociales presentes nos empujan a ofrecer alternativas cristianas y prácticas accesibles.

Fort Lauderdale, situada a una hora aproximadamente de la ciudad de Miami, brinda al turismo internacional una opción más tranquila, relajada y segura que lo que brinda la antes citada ciudad. El 21 y 22 de marzo del 2003 Luis Palau llegó con su "Beach Festival" a las playas de Fort Lauderdale y miles de personas llegaron a los pies de Cristo. Esto nos condujo al reto de cooperar y activar nuestra acción evangelística para seguir ministrando a los miles que llegaron a este festival.[17]

---

[17] *Brochure Beachfeast* Luis Palau, Fort Lauderdale, FL, 2003.

Entre los retos que tenemos como iglesia se encuentra el de construir un Templo nuevo con mayor capacidad, aumentar el número de estudiantes en el Instituto Bíblico existente y conseguir un equipo de ministros mucho mayor que el actual trabajando a tiempo completo. A raíz de una campaña sistemática de plantación de iglesias en nuestra región, iglesias y pastores están cooperando en unidad para apoyar la fundación de muchas más iglesias en nuestra área.

El trabajo que la Confraternidad de Iglesias, la Asociación y la Convención Estatal está impulsando de forma notable el avance del reino en nuestro territorio. Actualmente estamos siendo retados como nunca antes. La participación de las directrices del Espíritu Santo son medios que usamos para satisfacer los nuevos y grandes retos. Nuestra iglesia, siendo la primera hispana que se organizó en el condado, y la mayor en número de miembros, representa un bastión para seguir adelante satisfaciendo los nuevos retos y cruzando barreras llenas de obstáculos.

Resumen de las respuestas al cuestionario sobre la comunidad donde radico (planteadas al principio del capítulo)

Problemas típicos del área: patrón de crecimiento; necesidad percibida; eficacia del ministerio; tipo de personas que no están siendo alcanzadas; problemas y oportunidades percibidas. Cuestionario y respuestas realizadas a doce personas involucradas directa o indirectamente en asuntos relacionados con el área donde radico.[18]

Sumario

1. ¿Qué factores han contribuido para el desarrollo de crecimiento poblacional del área?
   a) Llegada de nuevas familias.
   b) Problemas migratorios.
   c) Crecimiento de la comunidad hispana.
   d) Reunificación familiar.

[18] Entrevistas a doce personas sobre cuestionario de la comunidad.

2. ¿Qué necesidades plantea la cuestión del crecimiento de población de nuestra área?

   a) Necesidad de educación, trabajo y vivienda.

   b) Atención y orientación a la familia.

   c) Orientación a la juventud.

3. ¿Son adecuados los métodos que se están implementando a nivel de Asociación y/o Convención para atender las necesidades espirituales del área?

   a) No son adecuados porque no se conocen en profundidad las culturas con las que trabajamos.

   b) Se necesitan centros de rehabilitación para adictos a las drogas, al alcohol, etc.

   c) El apoyo que podría dar cada pastor local, a los mencionados métodos de implementación, en sus respectivos calendarios de actividades es el mayor problema

4. ¿Educacionalmente hablando, los pastores y líderes de nuestra área están capacitados para atender a la población que nos circunda?

   a) En gran número no lo están.

   b) El pastor no se ve como una persona de influencia dentro de la comunidad.

   c) Los pastores necesitan ser capacitados para la consejería y necesitan más educación.

   d) Se necesitan aprender nuevas estrategias.

5. ¿Es adecuada la forma en que hemos sido guiados para llegar a las personas del área sin ser rechazados?

   a) Se carece de entrenamiento en el área de evangelización.

   b) Hay una distancia entre la iglesia y la comunidad.

   c) Es responsabilidad de cada líder local permitir que alguien lo guie.

6. ¿Qué tipo de necesidades son las más sobresalientes en nuestra área?

   a) La pérdida de trabajo y necesidades financieras.

   b) Familias separadas.

   c) Jóvenes y matrimonio.

   d) Familias de padres solteros.

   e) Falta de ayuda a la comunidad en asuntos legales y económicos.

   f) La mayor necesidad de la gente de nuestra área es espiritual.

7. ¿De qué forma podríamos ayudar a los ministros del área para ser más eficientes en el trabajo?
    a) Brindando entrenamientos evangelísticos.
    b) Entrenando en consejería a matrimonios, jóvenes, etc.
    c) Exhortando a que se eduquen adecuadamente.
    d) Instruyendo sobre eventos para alcanzar a la comunidad.
    e) Incentivando a nuestros pastores a unir esfuerzos para promover un avivamiento interno en cada congregación.

8. ¿Son más eficientes los ministros más jóvenes o los más adultos? ¿De qué adolecen ambos?
    a) Unos carecen de experiencia y otros de conocimientos.
    b) Se necesitan pastores que entiendan el sistema del país en que vivimos ya sean jóvenes o no tan jóvenes.
    c) La edad influye porque trae experiencia a su vez puede exigir rigidez si no están dispuestos a cambiar. La falta de experiencia puede retrasar el proceso de crecimiento o la resistencia al cambio.
    d) No siempre la edad es un factor determinante.
    e) Los jóvenes tienen el vigor de la juventud y los adultos tienen el peso de los años y la experiencia.
    f) Creo que el mayor problema, de lo que adolecen ambos, es creer que el otro ministro debido a su edad no está debidamente preparado para realizar su tarea, uno por su juventud y el otro por su madurez, olvidándose de que si Dios llama, también guía y respalda sin importar el factor edad.

9. ¿Por qué algunas iglesias crecen con más velocidad que otras, siendo que todas pueden utilizar herramientas parecidas para su crecimiento?
    a) Depende mucho de los líderes.
    b) Algunas iglesias le dan más importancia al método de crecimiento que otras.
    c) Por la estructura que tienen.
    d) Falta de sana doctrina y de un buen liderazgo.
    e) Aunque todos podemos usar las mismas herramientas, no todos estamos dispuestos a usarlas.
    f) No trabajan en grupo con otras iglesias.
    g) La razón es la intencionalidad con que se trabaje, el enfoque hacia el cual se dirija la meta.

10. ¿Qué tipo de personas están siendo poco alcanzadas y por qué?
    a) Aquellos que provienen de sistemas ateos, porque no se poseen las debidas herramientas para llevarlos al Evangelio.
    b) Los ancianos, porque no hay suficientes ministerios para alcanzarlos.
    c) La juventud, porque muchos de ellos asisten a la iglesia y piensan que son salvos sin serlo. El lenguaje de la juventud no es el mismo de sus padres, la generación de los *baby boomers*, por lo general creció sin valores bíblicos. La generación sándwich que vino después, fue influida por la revolución sexual, el movimiento hippie y otros. Estos valores se multiplicaron en muchos casos para mal hasta que llegó la generación X, la cual carece de mucha identidad. Para alcanzarlos necesitamos informarnos al nivel que ellos están.
    d) Los drogadictos y delincuentes, porque no todas las congregaciones están dispuestas a ir donde ellos están.
    e) Los jóvenes adultos, porque necesitamos adecuar algunos conceptos a la realidad de sus necesidades como forma de atraerlos.

11. ¿Qué podríamos implementar para llegar a las personas que no están siendo alcanzadas?
    a) Un ministerio fuerte de evangelización.
    b) Una forma de visitación efectiva.
    c) Ser más tolerantes con los tiempos que vivimos, sin comprometer la sana doctrina.
    d) Tocar las puertas y ofrecer cualquier tipo de servicio que las personas necesitan.

12. ¿Qué tipo de problemas hacen de algunas iglesias cuerpos de limitado alcance?
    a) Falta de unidad y de consagración de sus miembros.
    b) No hay trabajo en equipo.
    c) La resistencia al cambio.
    d) Influencias culturales.
    e) Restar importancia a la educación.
    f) Tamaño del templo, o edificio educacional.
    g) Finanzas.
    h) Falta de preparación de los líderes.
    i) Falta de un buen programa de evangelización activo.

j)   El tradicionalismo en los métodos.
k)   La identificación de la estrategia evangelística.
l)   La inexistente oración evangelística de manera permanente.
m)   La poca intencionalidad del plan de alcance.
n)   El mal testimonio de los creyentes.
o)   Una liturgia de poca calidad.
p)   La frialdad con que son recibidas las visitas.
q)   El poco seguimiento de los prospectos.

13. Entre los limitantes para alcanzar algunos sectores de nuestra población, están los siguientes: 1- Ministerios que ya no responden a las necesidades de esta era posmoderna. 2- Prácticas de escuelas pasadas que hoy no son relevantes. 3- Poco valor para testificar a los jóvenes universitarios y a los intelectuales. 4- Desconocimiento bíblico y pobre vida espiritual. ¿Cómo resolver estos problemas?

a)   Educándose acerca de los tiempos en que vivimos.
b)   Comprender esta generación.
c)   Preparándonos intelectual y espiritualmente.
d)   Conocer a fondo el nivel cultura de nuestra comunidad.
e)   Más conocimiento de la Palabra de Dios.
f)   Cambiar los métodos viejos por los nuevos.
g)   Creo que hoy más que nunca se hace necesario sumergir a los líderes en un estudio profundo de la Biblia.
h)   Más dedicación a la oración y al ayuno.

14. Esta era posmoderna brinda oportunidades especiales por razón de las: 1-Necesidades existenciales básicas. 2-Necesidades de afirmación. 3- Problemas graves a nivel de familia. 4- Situaciones culturales y confusión religiosa. ¿Cómo resolver estos graves problemas?

a)   Estudiando más.
b)   Haciendo más eventos para la comunidad.
c)   No existe crecimiento sin cambios, y no hay cambios si no aprendemos a escuchar.
d)   Alcanzando almas perdidas.
e)   Trabajando fuertemente con cada grupo étnico en nuestra comunidad.
f)   Supliendo las necesidades de los miembros de nuestra iglesia.
g)   Ministrar y asesorar directamente a las familias.

Resumen final del Cuestionario Likert (respuestas de los doce encuestados):

¿Se siente usted satisfecho en la forma que está diseñado el trabajo evangelístico de su iglesia?
A. Totalmente en desacuerdo. (1)
B. En desacuerdo. (2)
C. Ni de acuerdo ni en desacuerdo. (1)
D. De acuerdo. (5)
E. Totalmente de acuerdo. (2)

¿Se siente usted satisfecho en la forma en que está diseñado el trabajo educacional de su iglesia?
A. Totalmente en desacuerdo. (0)
B. En desacuerdo. (2)
C. Ni de acuerdo ni en desacuerdo. (1)
D. De acuerdo. (3)
E. Totalmente de acuerdo. (5)

¿Cree usted que su asociación y/o convención responde a la problemática de su área?
A. Totalmente en desacuerdo. (1)
B. En desacuerdo. (2)
C. Ni de acuerdo ni en desacuerdo. (2)
D. De acuerdo. (2)
E. Totalmente de acuerdo. (4)

¿Cree usted que su asociación y/o convención responde a la problemática de su iglesia?
A. Totalmente en desacuerdo. (0)
B. En desacuerdo. (1)
C. Ni de acuerdo ni en desacuerdo. (4)
D. De acuerdo. (2)
E. Totalmente de acuerdo. (4)

¿Nuestros seminarios están respondiendo favorablemente a la problemática social y espiritual de esta época posmoderna?
A. Totalmente en desacuerdo. (0)
B. En desacuerdo. (0)
C. Ni de acuerdo ni en desacuerdo. (2)
D. De acuerdo. (4)
E. Totalmente de acuerdo. (5)

De acuerdo al trabajo que realiza la asociación ¿cree usted que la existencia de la misma justifica su razón de ser?
A. Totalmente en desacuerdo. (0)
B. En desacuerdo. (0)
C. Ni de acuerdo ni en desacuerdo. (3)
D. De acuerdo. (3)
E. Totalmente de acuerdo. (5)

La instrucción que usted ha recibido en su Escuela Dominical actual ¿está en armonía con las necesidades de los tiempos actuales?
A. Totalmente en desacuerdo. (0)
B. En desacuerdo. (0)
C. Ni de acuerdo ni en desacuerdo. (2)
D. De acuerdo. (5)
E. Totalmente de acuerdo. (3)

¿Piensa usted que la forma de predicación de nuestros pastores y/o evangelistas es objetivamente adecuada para ganar y edificar vidas?
A. Totalmente en desacuerdo. (0)
B. En desacuerdo. (0)
C. Ni de acuerdo ni en desacuerdo. (1)
D. De acuerdo. (4)
E. Totalmente de acuerdo. (6)[19]

[19] Los 12 encuestados: Julio Fuentes, Carlos Telles, Domingo Área, Juan Pérez, Concepción González, José E. Concepción, Liana Cohen, Rebecca Alpizar, Mobel Moriyón, Abner Becerra, Marisel Ferrer y Raquel Escudero.

Conclusión de la encuesta

Según la encuesta no hay altos índices de problemas. Los encuestados procedentes de diferentes trasfondos culturales dejaron huellas de expresiones de las mismas. El índice arroja, por un lado aspectos positivos y en otros deja ver sombras de necesidades no satisfechas.

Sumario de investigación histórica de la ciudad de Plantation

La ciudad de Plantation, con aproximadamente 55 años de vida, pasó de ser un lugar lleno de bosque originalmente a convertirse en una ciudad significativa y relevante. Hace 100 años atrás Plantation era una vasta tierra salvaje con aguas frescas llenas de peces, tortugas y por supuesto, cocodrilos y lagartos. Muy pocos campesinos y algunas tribus indias, en especial los *seminolas,* residían en sus tierras y pantanos.

En 1906 el Capitán Walter Holloway, un ingeniero de las Fuerzas Armadas de USA, fue el primero en tratar de drenar el Everglade (aguas claras) y luego el primer gobernador llamado Napoleón Bonaparte Broward, continúo este trabajo en el 1911. El distrito drenado se llamó Old Plantation porque existían plantaciones en esa época.[20] En 1920 llegó a la Florida Fred C. Peters, un adinerado fabricante de zapatos, y comenzó a comprar terrenos por hectáreas.

Ya establecido aquí contrató al ingeniero C. Kay Davis para que trabajara en el desarrollo del Oeste de Broward donde había ya una producción de tomates, frijoles, maíz y otras plantaciones. Creó junto con el arquitecto Russell T. Pancoast un plan para la Ciudad de Plantation con una población de no más de 25.000.00 habitantes. Las principales calles de ese entonces eran Surise Blvd. y Broward Blvd.

Después de la Segunda Guerra Mundial, Chawney Clark, contratista de Miami, entró en escena para crear un lugar de retiro, la construcción consistía en una casa mediana en medio de un gran terreno. En 1947

[20] Plantation Historical Sociality, 1974. 5-6.

Plantation Home Inc., comenzó las construcciones. El constructor Finley Smith se encontró con el problema de que no llovía y se fue a la iglesia a orar. Ese año Florida tuvo 2 huracanes y una tormenta tropical, Broward Blvd estuvo bajo 4 ó 5 pies de agua. Después de todo esto comenzaron las construcciones. The Clars fue la primera familia que habitara una casa. La primera tienda (pequeña) se llamó Branch's Country Shoes.[21]

La primera iglesia creada en la ciudad de Plantation fue "Plantation Community Chrurch". Su primer servicio fue realizado en la oficina de Fred C. Peters en el año 1948, y como instrumento musical se usó un acordeón. En el 1949 los servicios se realizaban en un almacén de abastecimiento. Fred C. Peters donó cuatro acres a la Iglesia que comenzó a reunir los fondos para la construcción de un templo. La construcción comenzó el 31 de Octubre de 1955 y las puertas del templo fueron abiertas para celebrar su primer servicio el 14 de Julio de 1957.[22]

En el año 1976 la ciudad celebró el 4 de Julio con muchas actividades en toda la ciudad. Lo que más llamó la atención fue la realizada en la Iglesia Metodista. En esta celebración se dieron cita personas de diferentes denominaciones entre las cuales estaban católicos, judíos y protestantes para dar gracias a Dios por la prosperidad de la ciudad y del país.[23]

Algunos datos interesantes:

1. 1958- La población era de 1.600 habitantes.
2. 1961- Mrs. Helen Hoffman fundó la Librería de Plantation.
3. 1964 – Muere Fred Peters.
4. 1969- Motorola comenzó a funcionar con un gran edificio que luego creció de forma notable.
5. 1975 – American Express abre su compañía en nuestra ciudad.
6. 1976 – Se descubre una excavación en uno de los campos de golf de la ciudad donde se encontraron la presencia de artefactos de los Indios Tequesta (800 AD). En el presente los 18 hoyos tienen nombres indios.

---

[21] *Book Plantation*, A Gracious Florida City, 2002. 112.
[22] *Florida Collection*, Tomo I Helen B. Hoffman Library. 1974. 3.
[23] Ibid. 5.

7. 1978 – Broward Mall abre sus puertas.
8. 1999 – Eligen a Rae Carole Armstrong primera alcaldesa mujer de Plantation, quien es aun en la actualidad.

Plantation no es una ciudad típica de la Florida. Todavía hoy en día se puede encontrar a personas galopando a caballo. La mayoría de las casas están construidas en un acre de tierra. Es la cuarta municipalidad más grande de Broward County, llamada "La Ciudad de los Arboles". Es un lugar lleno de naturaleza en el corazón de Broward. Tiene seis campos de golf, elegantes comercios, facilidades médicas, un área de negocios prósperos, cuarenta y dos parques, áreas de juego para niños, dos piscinas Olímpicas, veintidós canchas de tenis, treinta y dos escuelas privadas (*private schools*), seis escuelas elementales (*elementary schools*), dos escuelas primarias (*middle schools*), dos escuelas de estudios superiores (*High schools*), también se encuentran:

1. *University of Phoenix.*
2. *Nova Southeastern University.*
3. *Florida Atlantic University.*
4. *Broward College.*
5. *McFatter Technical Center.*

La ciudad tiene una población actual de 84.955 habitantes (de acuerdo al censo realizado el 1 de Abril del 2010) localizada al oeste de la ciudad de Ft. Lauderdale, Florida; a veinte millas al norte de Miami, Condado Dade, y a quince minutos del Aeropuerto Internacional de Ft Lauderdale. También cerca del Puerto de Everglade, éste con aguas profundas para barcos de pasajeros y de carga, incluyendo foráneos y las zonas de comercio. Nuestro clima es subtropical, con un promedio de lluvias de sesenta y dos pulgadas y temperatura de 75.f. En el invierno la temperatura es de 66.5f, y en el verano de 82.2.[24] Nuestra ciudad es conocida como "la ciudad simpática", donde la hierba es más verde y "la ciudad de los árboles".

Plantation es la primera ciudad localizada en el centro del condado de Broward y está bordeada por la carretera State Rd 7, Sunrise Blvd, Flamingo Rd y la I-595. Es la sexta ciudad más grande del condado

[24] www.Plantation.org / demographics. 1975. 5.

de Broward, y es la casa de numerosas y grandes firmas nacionales e internacionales. Es dirigida por el Alcalde y cinco miembros del concilio con un enfoque en un distrito de negocio de reurbanización, con metas de mejorar el vecindario.

La ciudad cuenta con dos hospitales generales, cuatro centros para ancianos, varias clínicas, servicios de rehabilitación y oficinas profesionales médicas. La vivienda es unifamiliar y multifamiliar. Las casas tienen un costo entre $72.000 - $2 millones. Tenemos 4.450 negocios registrados, 46.178 personas empleadas; el 42% con un nivel de educación desde bachillerato hasta doctorado. La ciudad cuenta con dos librerías: Helen B. Hoffman y West Regional Library. También cuenta con el Departamento de Policía de la ciudad, servicios de emergencia médica, Departamento de Emergencia y Bomberos voluntarios.[25]

Para 1974 teníamos diecisiete lugares de adoración de diferentes denominaciones entre ellas:

1.	Bautistas	(6)
2.	Adventistas	(1)
3.	Asambleas de Dios	(1)
4.	Episcopal	(1)
5.	Metodista	(1)
6.	Luterana	(1)
7.	Mormona	(1)
8.	Presbiteriana	(1)
9.	Sinagogas Judía	(2)
10.	Testigos de Jehová	(1)
11.	Católicos	(1) [26]

Conclusión

Plantation es hoy una ciudad moderna con los atractivos de su exuberante naturaleza, el verdor de sus playas y la fantástica oportunidad

[25] www.Plantation.org / cityofplantation. 1974.

[26] www.plantation.org/plantation/worship. 1975.

diaria de ministrar a miles de personas procedentes de múltiples grupos étnicos. El hecho de estar situada en la periferia de Miami, pero ofreciendo mayor seguridad brinda un sitio más tranquilo y seguro. La complejidad étnica que posee esta ciudad enriquece la oportunidad de una evangelización agresiva.

CAPÍTULO 2

La base bíblica

Introducción

Al iniciar este segundo capítulo del Proyecto, deseamos expresar que, todo intento para justificar una acción que demuestre su validez en pro de un plan para establecer un método de crecimiento, por excelencia, deberá tener una fuerte argumentación bíblica. Identificados ya en el primer capítulo el reto, las necesidades y las oportunidades, pasamos a establecer las bases bíblicas que son los pilares que sostendrán el edificio de nuestra argumentación. La Biblia, centro de atención misionera y educativa, responde a las inquietudes expresadas en este trabajo.

Evidencias o bases bíblicas para el *discipulado* y las *misiones*

Siempre estuvo en la mente de Dios que su pueblo, Israel, entendiera el alcance de su misión y para ello le facilitó las disciplinas didácticas que le llevarían a alcanzar sus metas definitivas. A continuación, situaremos algunos ejemplos clásicos que arrojan brillante luz a tal efecto.

Moisés profeta

Moisés, este ilustre profeta y legislador hebreo, recibió una educación en Egipto que intelectualmente lo capacitó para estar al frente de los planes de Dios y llevarlos hasta su final consumación. Siempre que Dios se propone hacer algo grande busca instrumentos idóneos y esta es la razón de ser de Moisés. El ángel de Jehová, que se le apareció en medio de una zarza ardiente, lo instruyó para que él fuera instrumento de libertad para su pueblo. El espacio de tiempo entre Moisés en el Éxodo de Egipto hasta su desaparición física en el Monte Nebo, culmina lo que pudiéramos llamar el tercer período de su existencia. Las instituciones que Moisés creó representan una pincelada a la pedagogía de cualquier tiempo y pudieran inspirar la pluma de cualquier maestro o historiador.

"Sus instituciones respiran un espíritu de libertad, pureza, justicia y humanidad. Ellas modelaron el carácter de los hebreos y transformaron su nación, de pastor en su pueblo de residencia y dedicado principalmente a la agricultura, a gran legislador. Por medio de ese pueblo y de la Biblia, el influjo de dichas instituciones se han extendido por el mundo".[1]

Moisés fue un agente del altísimo, un maestro y un comunicador excelente. Nadie como él pudo trasmitir al pueblo las instrucciones de Dios como él lo hizo. Escogió servir, antes que aprovechar las prebendas egipcias y sus posiciones tan elevadas. Hebreos 11:23-29.

El discipulador es la persona que enseña a su pueblo o discípulos las verdades, principios y pautas que desarrollarán y harán ver a los demás los pasos para el crecimiento. El discipulador es como un ejemplo o modelo terrenal de Cristo. Debe ser un intérprete de los propósitos de Dios y como alguien que dice lo que debe decir con tino, elegancia y destreza, así fue Moisés.

Él no fue perfecto y dejó ver sus debilidades humanas en varias ocasiones. Los discipuladores no son perfectos, sólo son vasos de barro por medio y a pesar de los cuales, se vierte el líquido de la enseñanza y la

---

[1] WW Rand. Diccionario de la Biblia. Editorial Caribe. 1999. 73-78.

orientación. Como gobernante, libertador y guía de su pueblo, se pareció mucho a Cristo, el gran maestro. A los 120 años llegó a las fronteras de la tierra prometida. Allí dio sus últimos consejos a las 12 tribus y murió en el Monte Pisga. Deuteronomio 34: 5-8.

En la persona de Moisés encontramos características que son capaces de motivar, así como de generar energías, visión e intrepidez. Estos son aspectos que un discípulo deberá mostrar. Uno de los aspectos que más llaman la atención en este gran líder fue su oído atento para recibir las instrucciones del Altísimo.

Ejemplo de lo antes expresado son las siguientes importantes escenas de ese gran hombre llamado Moisés:

1. "… escogió antes ser maltratado con el pueblo de Dios, que gozar de los deleites temporales del pecado". Hebreos 11:24,25; a pesar de haber sido educado en Egipto, la civilización más avanzada de aquel tiempo, su visión y obediencia a los principios le valió más que las prebendas de un palacio real.

2. Nunca las grandes figuras gubernamentales de Egipto se dieron cuenta que estaban formando en sus escuelas al hombre que iba ser un instrumento de Dios.

3. Moisés nunca olvidó su origen y creía que las promesas de Dios para su pueblo eran trascendentalmente inequívocas.

4. Como príncipe, juez y libertador fue canal por donde fluyó la voluntad de Dios para con su pueblo.

5. Moisés vivió 40 años en Madián y participó en los quehaceres de un pueblo que venía de Abrahán. Hechos 7:3- y Éxodo 18:10-12. Ese período constituyó una preparación adecuada para satisfacer las metas que Jehová había designado para él.

6. Reiteradamente Moisés y su hermano Aarón se presentaron ante el Faraón egipcio para exigir la libertad y salida de su pueblo, Éxodo 15:13.

7. Comandó a su pueblo, en obediencia y después de pasar el Mar Rojo como en tierra seca y a pesar de grandes inconvenientes, introdujo a su pueblo dentro del perímetro de la tierra que su Dios les había prometido. Éxodo 14: 13-28.

Si hay algún argumento bíblico que sirva de marco de referencia para inspirar a aquellos que deseen ser cumplidores de metas, ahí tenemos a Moisés. Si queremos aprender que el tesón la perseverancia y la obediencia son marcos de referencia que conducen al éxito, tenemos que analizar la vida de aquel caudillo llamado Moisés. Si queremos aprender que a pesar de nuestras limitaciones, debilidades y barreras humanas podemos ser conquistadores e inspirar a los demás, ahí tenemos el ejemplo de Moisés. Un discípulo es alguien dispuesto a escuchar y aprender lo que su maestro enseña; nunca habrá una iglesia sólida y pertinente en esta hora posmoderna si no está dispuesta a recibir orientaciones e inspirarse en aquellos que dejaron, no solo ejemplo de obediencia, sino también espíritu de humildad y oídos apercibidos para escuchar lo que Dios tiene para ellos.

Josué, un gran entrenador

Después de la muerte de Moisés, Jehová Dios tuvo a bien elegir un sustituto idóneo y ese fue Josué. La Palabra dice:

"Aconteció después de la muerte de Moisés <u>siervo</u> de Jehová que Jehová habló a Josué hijo de Nun, <u>servidor</u> de Moisés, diciendo: Mi <u>siervo</u> Moisés ha muerto; ahora pues, levántate y pasa este Jordán, tú y todo este pueblo, a la tierra que yo les voy a dar a los hijos de Israel… mira que te <u>mando</u> que te esfuerces y seas valiente; <u>no temas</u> ni desmayes, porque Jehová tu Dios estará contigo en donde quieras que vayas". (Josué 1:1-2, 9).

En este pasaje he subrayado: siervo, servidor, mando y no temas. Si alguien quiere convertirse en un líder discipulador, deberá tener espíritu de siervo y como tal, estar listo para recibir órdenes o lo que es igual, ser mandado. El pasaje habla además de urgencias y de la necesidad de ir. También resulta importante el hecho de que el esfuerzo, el valor y la constancia deberán ser comandos de dirección en toda empresa importante. Bajo el liderazgo de su antecesor, Josué había aprendido que la disciplina, el coraje, la atención para escuchar y el rigor de la obediencia, son los motores que hacen mover la máquina del éxito. Las grandes encomiendas vienen después de la fidelidad a la observación de las que antes fueran menos trascendentes.

Un líder que mantenga sus ojos fijos en la meta y en el creador de la misma, durante el camino reconocerá las barreras, pero por muy altas que estas sean, su espíritu de servidor y de alma valiente, le dará fuerzas suficientes para saltar sobre ellas. Nadie ha dicho nunca que los triunfos vengan como por arte de magia. Si somos buenos estudiantes de la Palabra nos daremos cuenta de que el ser escogido para una empresa gigante no significa que el llamado vino por habilidades y destrezas propias, ellas vienen siempre como resultado de la entrega, la obediencia y la disciplina. "Entonces Jehová dijo a Josué: Desde este día comenzaré a engrandecerte delante de los ojos de todo Israel, para que entiendan que como estuve con Moisés, así estaré contigo". Josué 3:7. Ni la difícil toma de Jericó, ni el pecado de Acán, ni la toma y destrucción de Hai, ni la lucha con los gabaonitas o con los amorreos, ni la ocupación y repartimiento de la tierra prometida, detuvieron a Josué. Y a los ciento diez años murió en paz.

Al construir el edificio educacional, discipular y misional de una iglesia observamos también parecidas circunstancias en términos de esfuerzos y perseverancia de las cuales Josué es un buen modelo. Para mover nuestra iglesia del punto A al punto Z; he hallado en las Escrituras, no sólo inspiración y motivación, sino también, evidencias, argumentos y retos. Indudablemente que toda gestión encaminada a situar una iglesia en el lugar que le corresponde como tal, deberá tener las Escrituras como cimiento de la misma.

Dos enseñanzas trascendentes dentro de un solo pasaje

Mateo 28:19-20, el clásico pasaje sobre las misiones, encierra otra enseñanza básica: La instrucción "… enseñándoles que guarden todas las cosas que os he mandado" (20). Acorde con el pasaje somos enviados por Jesús a hacer discípulos y no sólo conversos de todos los pueblos (etnias) de la tierra. Como en el caso de Josué, aquí el Señor promete y asegura su presencia hasta el fin (20). Creo que más allá de lo que significa la palabra Evangelio, este significa estar dispuesto a: amar sin prejuicios, poner el hombro para que se recueste el cansado, no constituirnos en jueces y no imponer leyes que son extrañas para quienes no conocen al Señor.

Por creerlas pertinentes y aclaratorias, incluimos aquí las palabras de William Barclay:

Aquí llegamos al final de la historia evangélica... En esta última reunión con ellos, Jesús hizo tres cosas:

1. Les dio la autoridad de Su poder. No había absolutamente nada que estuviera fuera del alcance del poder del que había muerto y conquistado la muerte...
2. Les dio una comisión. Los envió a hacer al mundo entero sus discípulos...
3. Les prometió una presencia. Tiene que haber sido una cosa impresionante para aquellos once humildes galileos que Jesús los mandara a la conquista del mundo... Fueron enviados y -nosotros lo mismo- a la más grande tarea de la historia; pero con ellos estaba la más grande presencia del universo.[2]

La cosmovisión de la Iglesia (Marcos 16: 9-20)

Según el autor antes mencionado y cito:

... la persona que escribió esta conclusión creía sin duda alguna que la iglesia tiene ciertas tareas que cumplir que le había asignado Jesús.

a) La iglesia tiene la tarea de predicar... El deber cristiano nos hace heraldos de Jesús.
b) La iglesia tiene una tarea sanadora.
c) La iglesia tiene una fuente de poder. No hemos de tomar estas palabras de manera literal. No tenemos que creer que el cristiano ha de tener literalmente el poder de coger serpientes venenosas y beber líquidos venenosos sin que le pase nada. Pero detrás de este lenguaje pintoresco está la convicción de que el cristiano está lleno de poder para enfrentarse con la vida, un poder que otros no poseen.

---

[2] William Barclay. Comentario al Nuevo Testamento. Clie. 1970. P. 191.

d) La iglesia no se encuentra sola para realizar su tarea. Cristo siempre obra con ella, en ella y a través de ella. El Señor de la iglesia sigue en la iglesia y es su Señor poderoso...[3]

Las dos cuerdas que tensan el arco que genera la acción más precisa y certera de una iglesia, son misiones (o evangelismo) y discipulado. Es lo que Jesús nos enseñó. El Maestro estableció las bases sobre las cuales una iglesia deberá existir. Cristo Jesús, el fundador de la Iglesia, es quien tiene el único derecho de enseñar los parámetros que deberán guiar los destinos de una iglesia neotestamentaria.

Somos embajadores

Otro pasaje que impele a la acción y estimula para lograr ser un cumplidor de metas es, 2 Corintios 5:20: "Así que somos embajadores de Cristo, como si Dios los exhortara a ustedes por medio de nosotros: En nombre de Cristo les rogamos que se reconcilien con Dios".

Como enviados estamos bajo ciertas disciplinas:

1. Somos embajadores o representantes del Rey, y como tales deberá ser nuestra actitud.
2. Seremos extranjeros si aceptamos el llamado de ir.
3. Somos exponentes de un mensaje de reconciliación que es muy poco usual.
4. Estamos bajo la mirada y escrutinio del que nos comisionó.
5. Al mismo tiempo que portamos una orden, llevamos un mensaje de paz.
6. Nosotros somos agentes de la vida.
7. Servimos al Ser viviente eterno.

En esto vemos que la vida es lo más cercano al corazón de Dios. Por eso nuestra teología tiene que ser en verdad una teología de la vida y no

---

[3] Ibid. 284.

es una "necrología" al servicio de la opresión, el militarismo y la muerte.[4] El aporte Juanino es importante: "y la vida era la luz de los hombres" (Juan 1:4b).

La más transcendente *misión*

En la obra, "El Trino Dios y la Misión Integral", los autores subrayan que:
Siendo que la obra misionera trasciende este mundo es contemplada por los autores como cósmica. Siendo que ningún hecho ha logrado el impacto conseguido por el evangelio esta obra es histórica. Siendo que cuando las cortinas de la escena final se corran esta es eso mismo, una misión final. Siendo que la obra de Cristo logró la emancipación del arrepentido esta obra es encarnacional mediatora y apostólica. Siendo que la salvación es para la humanidad, no obstante algunas diferencias teológicas, esta es una misión redentora y recreadora. Estos conceptos están abalados por las declaraciones del apóstol Juan en su evangelio.[5]

Las parábolas de Jesús, modelo por excelencia para discipular a sus discípulos

Las parábolas de Jesús representan una escuela para cualquier iglesia que desee exaltar las verdades del reino como máximas para una revolución entre las prioridades de quien se proponga, crecimiento y desarrollo. Esbozaremos algunas para dejar por sentado lo que queremos enseñar. No es posible agotar las enseñanzas de las parábolas que son pertinentes a la evangelización, la enseñanza y el discipulado.

---

[4] Jhon Stam, Apocalipsis. C.B. Iberoamericano. Kairos, Buenos Aires. 1999. P. 185.
[5] Arana Quiroz, Samuel Escobar, René Padilla. *El Trino Dios y la Misión Integral,* Kairos 2003. Pp. 14-18.

La parábola de "El juez y la viuda"

Lucas 18:1-8

Jesús les contó a sus discípulos una parábola para mostrarles que debían orar siempre, sin desanimarse (NVI). ²Les dijo: «Había en cierto pueblo un juez que no tenía temor de Dios ni consideración de nadie. ³En el mismo pueblo había una viuda que insistía en pedirle: "Hágame usted justicia contra mi adversario" (NVI). ⁴Durante algún tiempo él se negó, pero por fin concluyó: "Aunque no temo a Dios ni tengo consideración de nadie, ⁵como esta viuda no deja de molestarme, voy a tener que hacerle justicia, no sea que con sus visitas me haga la vida imposible." »⁶Continuó el Señor: «Tengan en cuenta lo que dijo el juez injusto. ⁷¿Acaso Dios no hará justicia a sus escogidos, que claman a él día y noche? ¿Se tardará mucho en responderles? ⁸Les digo que sí les hará justicia, y sin demora. No obstante, cuando venga el Hijo del hombre, ¿encontrará fe en la tierra?» (NVI).

En la época de Lucas, existía la persecución, y lo que las personas esperaban era la segunda venida de Jesús para que les hiciera justicia, y de esa manera terminara su sufrimiento. La segunda venida no sabemos cuándo será, el mismo Jesús lo dijo en Lucas 17: 20b-21 "La venida del reino de Dios no se puede someter a cálculos. ²¹No van a decir: "¡Mírenlo acá! ¡Mírenlo allá!" Dense cuenta de que el reino de Dios está entre ustedes."

Aquí podemos ver que Jesús buscaba enseñarnos cómo debe de ser nuestra fe en tiempos difíciles. Cuando nos parece que no hay salida alguna, ahí es que debemos esforzarnos sabiendo que Dios siempre escucha a sus hijos. Eso lo vemos en el versículo 8; donde nos hace ver también que el caminar con Él no es fácil, pero tiene sus recompensas, y esto es lo más importante que siempre podemos ver una luz al final de túnel, ello si somos constante.

Aquí vemos cómo Lucas antes de comenzar a relatar la parábola, decide explicar de qué trata dicha la misma, cuál fue el propósito que Jesús buscaba cuando la enseñó; y qué dice sobre la oración. En el versículo 1 Jesús les contó a sus discípulos una parábola para mostrarles que debían orar siempre sin desanimarse. Una enseñanza pertinente para un discípulo es esta, la oración como base para una empresa tan gigantesca.

En el versículo 7, ¿Acaso Dios no hará justicia a sus escogidos, que claman al día y noche? Aquí podemos ver una alegoría enseñando cómo nosotros debemos ser, es decir igual a la viuda, que era persistente. Así debemos ser en nuestro caminar con Él.

Con esta parábola surge una pregunta: ¿Es el propósito de la oración alinear nuestros corazones a la voluntad de Dios o sirve también para cambiar la opinión de Dios? No hay duda de que la persistencia en oración – una continua comunión con Dios – amolda nuestros corazones para que se parezcan al diseño original de Dios. Cuando esto ocurre, la carretera se abre para recibir la merced de Dios.[6]

Lo que la mayoría de nosotros buscamos cuando oramos, es que nuestras oraciones sean contestadas inmediatamente, que nuestro salario sea aumentado, que los médicos nos sanen enseguida, que la tecnología sea como nosotros la queremos en el momento que queremos, que nos podamos hacer millonarios de la noche a la mañana, que todo en nuestras vidas sea de carácter instantáneo y no que tengamos que esperar. Lo que muchos de nosotros hacemos es no realizar lo que Dios no nos va a contestar en nuestra oraciones; y mucho menos que vayan a suceder enseguida. Ni siquiera nosotros podemos hacer eso con nuestros hijos ya que debemos enseñarles perseverancia, fe, constancia, para que así logren lo que nuestro Padre Celestial tiene para nosotros. Dios que es un Dios maravilloso, todo amor, no puede darnos todo lo que queremos, siempre bajo el marco de sus propósitos santos.

Lo que sí podemos ver a través de esta parábola es que Dios parece enseñar que su voluntad - siempre buena- es afectada por la oración continua. "David, en uno de sus salmos (Salmo 18:6-16) nos dice que una vez Dios desequilibró el universo completo para responder a la oración de David. 'En mi angustia invoqué a Jehová , y la tierra fue conmovida y tembló; Y moviéronse los fundamentos de los montes, Y se estremecieron... Y bajó los cielos, y descendió...Y cabalgó sobre un

---

[6] Richard Niell Donovan. Recursos para Predicar. Traducción por Ángeles Aller. 21 de octubre, 2007
http://www.lectionary.org/EXEG-Spanish/NT/SNT03-Lucas/Lucas.18.01-08.htm

querubín, y voló: Voló sobre las alas del viento… sus nubes pasaron; Granizo y carbones ardientes. Y tronó en los cielos Jehová… Y el Altísimo dio su voz; Granizo y carbones de fuego. Y envió sus saetas, desbarátalos; Y echó relámpagos, y los destruyó… Y descubriéronse los cimientos del mundo… Envió desde lo alto; tomóme, Sácome de las muchas aguas.[7]

En la viuda y el juez injusto, vemos que en los versículos 2-8 del capítulo 18 [2]Les dijo: «Había en cierto pueblo un juez que no tenía temor de Dios ni consideración de nadie. [3]En el mismo pueblo había una viuda que insistía en pedirle: "Hágame usted justicia contra mi adversario." [4]Durante algún tiempo él se negó, pero por fin concluyó: "Aunque no temo a Dios ni tengo consideración de nadie, [5]como esta viuda no deja de molestarme, voy a tener que hacerle justicia, no sea que con sus visitas me haga la vida imposible." » [6]Continuó el Señor: «Tengan en cuenta lo que dijo el juez injusto. Aquí tenemos representados dos polos opuestos del ámbito social; en el que el juez es el adinerado, el que tiene el poder, el que puede hacer lo que quiera y la viuda representa la debilidad, la que sufre, la incapacitada, la más que menos en la sociedad, pues no tiene quién vele por ella ni la proteja.

Tanto en el Antiguo como en el Nuevo Testamento, vemos que se habla del temor a Dios, pero no tenemos que verlo como algo negativo sino más bien positivo. Si alguien no tiene temor de Dios no puede ser de confianza ya que puede hacer lo malo sin importarle. El juez no quería hacerle justicia a la viuda, pero Jesús siempre estuvo al acecho de los necesitados.

Las viudas eran vistas como personas vulnerables. Como personas dignas de protección y esto lo vemos en:

1) Dios tiene un efecto particular para viudas, huérfanos, y extranjeros (Deuteronomio 10:18-19).
2) Igual que Dios sacó a los israelitas de su cautividad egipcia, Dios exige que Israel libere a otra gente vulnerable (Deuteronomio 24:17-21).

---

[7] Richard Niell Donovan. Recursos para Predicar. Traducción por Ángeles Aller. 21 de octubre, 2007
http://www.lectionary.org/EXEG-Spanish/NT/SNT03-Lucas/Lucas.18.01-08.htm

3) Los que no cumplen con esta responsabilidad serán maldecidos (Deuteronomio 27:19).

4) Dios matará la persona que abusa de viudas y huérfanos, y las esposas de los que abusan serán viudas (Éxodo 22:22-24).

5) En el Nuevo Testamento, Jesús condena a aquellos que "devoran las casas de las viudas" (Lucas 20:47).

6) La temprana iglesia sustentaba las viudas (Hechos 6:1-6).

7) Las viudas son honradas por su dependencia en Dios (1 Timoteo 5:3-5).[8]

Esta viuda, como el hombre que exigía pan de su vecino en medio de la noche (11:5-8), prosigue con sus preguntas. Su carácter animado es inusual para una mujer en una sociedad patriarcal, pero ella tiene el peso de la Escritura y la justicia a su favor. Vive una alta moralidad, y todos lo saben. El juez no toleraría este comportamiento por parte de un hombre, pero aún un juez que no tiene vergüenza debe ejercer justicia frente a una mujer que disfruta de la protección de la Escritura y la simpatía de la comunidad.[9]

En el versículo 4, vemos que el juez se demoraba en hacerle justicia. Quizás lo que estaba esperando es que la viuda le diera algo a cambio de la justicia que ella buscaba, a lo mejor dinero, o simplemente no quiere que lo estén importunando. También encontramos en los versículos 4 y 5 que el juez no le tenía temor a Dios, ni a nada. Al juez solo le importaba él mismo, que no le molestaran, estaba encerrado en sí mismo y es así como decide concederle la justicia a la viuda, no tanto porque creyera hacer lo correcto, sino básicamente porque así se la quitaría de encima y ella lo dejaría tranquilo, para así el disfrutar de su comodidad y tranquilidad.

Versículo 6: Continuó el Señor: "Tengan en cuenta lo que dijo el juez injusto". Aquí tenemos un punto clave en la parábola; y es que, si el juez a pesar de ser injusto es movido por Dios a hacer justicia, cuanto más Dios escuchará nuestras súplicas, oraciones, peticiones, puesto que somos sus

---

[8] Richard Niell Donovan. Recursos para Predicar. Traducción por Ángeles Aller. 21 de octubre, 2007

http://www.lectionary.org/EXEG-Spanish/NT/SNT03-Lucas/Lucas.18.01-08.htm

[9] Ibid.

hijos. Él siempre nos escucha. A través de esta parábola, especialmente en el versículo 7, descubrimos que nuestras oraciones tienen que ser profundas, deben salir del corazón, no vanales, sino sinceras, constantes, diarias, sin importar el tiempo invertido en ellas o la hora. Puede llegar a parecernos que las respuestas de Dios son tardías, lentas, pero son a Su tiempo y no al nuestro.

En nuestra vida siempre escuchamos que las personas nos dicen, "lo único que podemos hacer es orar", y lo tomamos como si fuese algo sin sentido, sin importancia, cuando la realidad que vemos en esta parábola es que la oración es una de las armas más importantes que tenemos a nuestro alcance. Dios es el que tiene el poder y la soberanía para solucionar las situaciones más difíciles. Hay cosas que de ninguna otra forma pudiéramos resolver y solo Él puede hacerlo.

Nuestro trabajo como discípulos del Señor, es ayudar a nuestro pueblo a que se acerque a Él. Nuestro esfuerzo debería ser encaminado a que ellos perciban el poder y la justicia divina. Es una máxima para nosotros que el pueblo guste de las riquezas del cielo. Como vemos en el versículo 8: «Les digo que sí les hará justicia, y sin demora. No obstante, cuando venga el Hijo del hombre, ¿encontrará fe en la tierra?».[10]

La cuestión critica no es la fidelidad de Dios sino la lealtad humana". Seguro que Lucas se preocupa por los cristianos de su época, quienes estaban en peligro de perder toda esperanza. ¿Se desilusionarán? – o ¿persistirán en oración hasta ser vindicados? Unamos nuestras fuerzas y llevemos la perseverancia, la fe y la oración a todo el mundo.

Parábola de la "Fiesta de las bodas o del Gran banquete"

Mateo 22:1-14; Lucas 14:15-24.

Esta parábola ilustra la realeza de Jesús. En ella El Señor muestra su legitimidad como Hijo de Dios en el plan de Dios. Es decir, esto es

---

[10] Richard Niell Donovan. Recursos para Predicar. Traducción por Ángeles Aller. 21 de octubre, 2007
http://www.lectionary.org/EXEG-Spanish/NT/SNT03-Lucas/Lucas.18.01-08.htm

más que una historia sobre un rey y un banquete. Es la historia de la salvación en que Dios manda a sus profetas y evangelistas cristianos con las Buenas Nuevas, que algunos rechazan y otros aceptan. Como el texto aparece tanto en Mateo como en Lucas, algunos estudiosos sugieren que ambos conocían las dos versiones distintas de ellas y por eso son narradas de manera diferente en estos dos textos.

En esta parábola, un rey "envía a sus siervos a llamar a sus convidados a las bodas" (v. 3). De acuerdo con las costumbres de aquel tiempo – los relojes no estaban disponibles y la preparación del banquete llevaba mucho tiempo– las invitaciones para tales eventos se enviaban con larga anticipación. Una vez que el banquete estaba listo, el anfitrión mandaba la noticia. El código para entender esta parábola es: [11]

El rey es Dios. El hijo (v. 2) es Jesús. Los invitados (v. 3) son el pueblo judío. Los primeros siervos (v. 3) son los profetas hebreos. El segundo y tercer grupo de siervos (vv. 4, 8) son los misioneros cristianos. La ciudad incendiada (v. 7) es Jerusalén. Los "malos y buenos" (v. 10) constituye la congregación mixta de la iglesia.

Diferencias entre los dos textos

Existen varios paralelismos entre esta parábola y la de los labradores malvados (21:33-41) que la precede. En ambas parábolas la figura Dios, como dueño o como rey, provee algo maravilloso: una gran viña o un banquete de fiesta. Entonces manda a sus siervos para que lleven un mensaje paguen los frutos/vengan a la fiesta, y la gente labradores/ invitados maltratan y matan a los siervos profetas judíos/evangelistas cristianos. La figura Dios persiste y manda a otros siervos, a quienes la gente maltrata. La figura Dios entonces castiga a los beneficiarios originales y transfiere el beneficio viña/banquete a otros. El hijo de la figura Dios está involucrado en ambas parábolas, aunque de diferente manera.[12]

---

[11] Copyright, 2002, 2010, Richard Niell Donovan http://www.lectionary.org/ EXEG-Spanish/NT/SNT01-Mateo/Mateo.22.01-14.htm

[12] Copyright, 2002, 2010, Richard Niell Donovan http://www.lectionary.org/ EXEG-Spanish/NT/SNT01-Mateo/Mateo.22.01-14.htm

Otras diferencias son:

a) En Mateo el Señor comienza la parábola con el preámbulo de rigor... El reino de los cielos es semejante a.... Esta fórmula no aparece en la introducción de Lucas.

b) La parábola que se incluye en Mateo no incluye los diferentes pretextos que los convidados dan, esto solamente sucede en Lucas.

c) En la parábola de Lucas el hombre envía solo un siervo para invitar a sus huéspedes. En Mateo son varios.

d) Lucas nos dice que solo el anfitrión estaba airado al enterarse de los pretextos. Mateo comenta que los siervos no solo recibieron las excusas sino que fueron maltratados y muertos.

e) La parábola de Lucas no describe al hombre que llega sin la vestimenta adecuada. Mateo incluye estas palabras del Señor para mostrar la necesidad de arrepentimiento.

f) Mateo termina con un aforismo.... *Muchos son los llamados, pocos los escogidos*. Lucas no tiene estas palabras.

El contexto en el ministerio de Jesús

A. De acuerdo con Fisher, un comentarista[13]

[...] *El énfasis se centra en las excusas de los invitados, y la invitación a los mutilados, los ciegos, y los cojos [...]. También recalca la necesidad de responder inmediata y decisivamente a la invitación extendida.*

B. Jamieson comenta que Jesús se presenta como heredero de todo lo que los profetas y dulces cantores de Israel dijeron acerca de él.[14]

C. Barclay por su parte hace énfasis en el versículo 7... *Al oírlo el rey se enojó, y enviando sus ejércitos destruyó a aquellos homicidas, y quemó su ciudad...* de esto hace una conexión con eventos que fueron catastróficos para el pueblo de Israel después de haber rechazado al Señor.[15]

---

[13] *Fisher Commentary.*

[14] *Jamieson Commentary.*

[15] William Barclay, *Gospel of Matthew, Vol. 2* (Edinburgh: The Saint Andrew Press, 1957).

49

D. La destrucción de Jerusalén por los ejércitos de Roma en el año 70. El templo fue saqueado y quemado.

En cuanto al carácter de Dios

Esta parábola muestra que solo Dios puede extender la invitación al pecador, que la salvación es una iniciativa de Dios, y que por muy mala que sea la condición del hombre, la gracia de Dios es suficiente para salvarle.

Enseñanzas de la "Parábola"

1. Nos recuerda que la invitación de Dios es a una fiesta tan alegre como a una fiesta de bodas. Dios nos invita a entrar y ser parte de este gran gozo.
2. Nos enseña que las cosas que hacen a las personas sordas a la invitación de Cristo no son necesariamente malas. Un hombre se fue a su hacienda, otro se fue a sus negocios, y así sucesivamente. La tragedia de la vida es que a veces las cosas menos buenas desplazan a las mejores.
3. Nos muestra que la invitación de Cristo no es para evitar el castigo que nos viene encima, sino el gozo que está preparado.
4. Nos enseña que la invitación de Dios es la invitación de la gracia, ya que los que iban por los caminos y los senderos no tenían derecho a entrar a las bodas. Es por la gracia del rey que aquellos invitados pudieron entrar.

Parábola de "Las diez vírgenes"

Esta parábola se encuentra entre la de los mayordomos en Mateo 24:45-51 y la de los talentos en Mateo 25:14-30. La intención de Mateo es arrojar luz sobre la naturaleza de la crisis que trae el reino de Dios. Mathew Henry muestra un detalle que en el mundo hebreo es conocido como, el principio numérico. Diez es un indicador de un grupo completo en sí. En La Biblia encontramos los diez mandamientos, los diez varones para juzgar sobre un asunto (Ruth 4:2), diez era el número mínimo de personas para una reunión en una sinagoga. Según el historiador Josefo al menos diez hombres debían reunirse para comer el cordero Pascual.[16]

Estas vírgenes se ven representadas en dos grupos, las prudentes y las insensatas. La Palabra griega para prudente es *sunetos*, dando en si el indicador de una persona circunspecta, cautelosa, cuidadosa. Mientras que la palabra griega para insensato es *paralogos* comunicando la idea de alguien sin sentido, sin entendimiento, falto de juicio, irracional, tonto e inhumano.

R. Fricke comenta tres sentidos en que funciona el período de noviazgo y desarrollo conyugal judío… El noviazgo, concertado este por los padres de ambos novios ya que la madurez sexual se alcanzaba durante la adolescencia, esto ocurría cuando estos eran bien jóvenes, a veces la jovencita contaba solo con 12 años. El compromiso donde ambos jóvenes se daban sus votos y muy a menudo el novio llevaba una dote de beneficios al padre de la novia para mostrar así su fidelidad. Aun así el matrimonio solamente se consumaba sexualmente después de la ceremonia de bodas. La tercera etapa era la ceremonia de matrimonio en la cual la novia esperaba rodeada de diez amigas que le acompañaban y seguían junto a ella una vez que llegaba el novio hasta casa del novio donde el matrimonio era consumado.[17]

Jamieson describe a las prudentes en congruencia con la gracia interior que reciben los verdaderos creyentes al tener aquella provisión del Espíritu de Jesucristo, que siendo la fuente de la vida espiritual es la base para el carácter del cristiano. Jamieson también añade que cuando la parábola habla de cabecear, literalmente está diciendo dormir, y que esto apunta al hecho de que existen dos etapas de decaimiento espiritual la primera es el letargo involuntario, o sea somnolencia, que es capaz de apoderarse de uno, y la segunda es cuando viene un consentimiento voluntario a ella que es capaz de vencer al individuo, este proceso ocurre

---

[16] Henry, Mathew. Comentario Exegético Devocional a toda La Biblia, CLIE 1983. 476.
[17] Roberto Fricke S. Las Parábolas de Jesús. Mundo Hispano. 2009, 116.

tanto para prudentes como para insensatos. Casi todo el tiempo los dos grupos parecían iguales hasta el momento de la decisión.[18]

Esta parábola debe verse de una manera escatológica apuntando hacia la venida de Cristo. Establece que habrá un grupo preparado y habrá un grupo no preparado. Hay personas que parecen casi salvas y al final aparecen como perdidas, esta es una realidad con la que debe tratar el verdadero creyente.

Tres aspectos importantes que aprendemos en esta parábola

1. Hay personas que carecen de la preparación esencial para encontrarse con Jesucristo.
2. Solo los cristianos verdaderos poseen el don del Espíritu.
3. Aunque hay una posesión de un espíritu verdadero, por una parte, existe una carencia del mismo Espíritu por otra clase.

Conclusión

Ninguna iglesia se hará fuerte jamás sin un programa de instrucción bíblico didáctico que tenga entre sus estrategias: atención, deseos, pasión, sistemas y continuidad. Al intentar hacer bien el trabajo será muy serio tener en cuenta las palabras de Jehová a Josué. "… Jehová vuestro Dios es quien pelea por vosotros, como él os dijo". Josué 23:10.

Seriamos muchísimo más eficientes si entendiéramos que la sombra bienhechora de Dios estará siempre presente si:

1. Estamos donde Él quiere que estemos.
2. El miedo no nos distraiga, porque el miedo paraliza.
3. Apercibimos nuestros oídos solamente a los silbos de Dios.
4. Perseveramos.
5. Dependemos de Él para el siguiente salto.

---

[18] Roberto Jamieson. Comentario Exegético y Explicativo de La Biblia. Tomo II. Casa Bautista de Publicaciones. 80.

No pretendemos reinventar la rueda, hace siglos que existe, solo que pintarla en los cuadros como obra de arte y no ponerla a rodar no sirve de nada. En mi oficina he puesto un bello cuadro a colores de un gigantesco árbol flamboyán que compre en la República Dominicana. Sobre la base del árbol yace una rueda grande que sirvió de toque final al artista que lo hizo. Siempre que miro la pintura me inspiro y aplaudo al artista, pero me siento inquieto al ver que la rueda nunca tiene ningún movimiento.

Eso mismo era lo que pasaba en nuestra iglesia y pasa hoy en miles, la rueda está pero no está engrasada ni tiene movimiento. He encontrado en personajes, pasajes, hechos específicos de la Biblia y escritores cristianos, suficiente instrucción e inspiración para que la "rueda" de nuestra carreta impulse el trabajo de la iglesia. Al lograr identificar a todos los miembros de la iglesia con la dinámica del discipulado, yo siento que no son simples espectadores que miran de lejos y con cierta nostalgia lo que no se puede lograr a pesar de… sino personas que han inaugurado un nuevo sistema de vida y de servicio y esto los conduce a las demás acciones que el cielo también ha diseñado para ellos. Enrolarlos en la panorámica bíblica y hacerles descubrir lo que esta requiere de ellos ha constituido el mayor acicate para la comprensión de su misión.

"Todo el que oye estas palabras y las pone en práctica es como un hombre prudente que construyó su casa sobre la roca. Cayeron lluvias, crecieron los ríos, y soplaron los vientos y azotaron sobre la casa; con todo, la casa no se derrumbó porque estaba cimentada sobre la roca. Pero el que oye estas palabras y no las pone en práctica es como un hombre insensato que construyó su casa sobre la arena. Cayeron lluvias, crecieron los ríos, soplaron los vientos y azotaron aquella casa, y ésta se derrumbó, y grande fue su ruina". Mateo 7:24-27 (NVI).

Implantar estos conceptos en la vida práctica y cotidiana de cada miembro de la iglesia es tarea ardua y se requiere paciencia, ciertas habilidades, perseverancia, entrenamiento y mucha oración, pero sus resultados abren brechas a una vida cristiana militante. Cientos de famosas obras han inspirado e ilustrado a muchos, pero la base bíblica que apoya esa inspiración es la pirámide que apunta hacia el infinito. Los conceptos escriturales, como quiera que sean palabra inspirada de Dios, alcanzan cimas inimaginables. El énfasis sobre las mismas nunca es redundante ni tardío. Ella misma establece su eficacia y perpetuidad: "La ley de Jehová es perfecta, que convierte el alma…" Salmo 19:7 (NVI). "Sécase la hierba, marchítase la flor; mas la palabra del Dios nuestro permanece para siempre" Isaías 40:8 (NVI). Al lograr los resultados obtenidos en el discipulado y la obra misionera, hemos hallado que lo que más impacta a los hermanos para realizar el trabajo está relacionado con su apego a los conceptos escriturales, he ahí la fuente del mejor resultado.

CAPÍTULO 3

Investigación y descubrimiento

Lo que ha causado el proyecto

Una revolución ha causado el discipulado intencional y el trabajo misionero sistemático en la vida de La Primera Iglesia Bautista Hispana de Plantation, FL. Los tradicionales Estudios Bíblicos de los miércoles cedieron su espacio para abrir los dos impactantes ministerios mencionados que han mostrado en la experiencia, la dinámica de la que realmente es razón de ser de la iglesia. Eddie Gibbs en su obra, "La Iglesia del Futuro" subraya que:

> "Mike Regale no tiene duda de que cientos de congregaciones locales cerrarán sus puertas por última vez. Muchas de las razones para emitir este propósito pesimista, se encuentran dentro de la sociedad y en el trágico hecho de que tantas iglesias fallan al discernir las señales de los tiempos, y a su vez son negligentes al no buscar el discernimiento y la fuerza espiritual para enfrentarse a los nuevos desafíos. Las fuerzas que doblan nuestra cultura son demasiadas y demasiado fuertes. En todo lugar vemos las señales de la fragmentación y del colapso social".[1]

---

[1] Eddie Gibbs. La Iglesia del Futuro. Peniel, 2005. 17.

Creo firmemente que el punto de orden es, no descuidar las señales de los tiempos. Este período de la historia llamado posmodernidad enseña perfiles tan nuevos y disimiles que dejar de observarlos conllevaría cometer el pecado de la indiferencia, acto que marcaría un futuro sin futuro. No hay un método por excelencia absolutamente capaz para hacerle frente a la problemática de hoy. Sin embargo, buscar las directrices de la Palabra de Dios y echar mano del esfuerzo de escritores contemporáneos que han hecho un aporte notable en este sentido, es y será nuestra máxima. Subrayamos entre otros a la obra, Introducción a la Misiología de H. Armstrong, M. McClellan y D. Sills. Prólogo por Daniel Sánchez; Caminos Olvidados de Alan Hirsch. Prólogo de Leonard Sweet; Una Vida con Propósito de Rick Warren; Movimientos de Plantación de Iglesias. Cómo Dios está Reuniendo al Mundo Perdido de David Garrison; ¿Cómo volver al proceso divino de hacer discípulos? Iglesia Simple de Thom S. Rainer y Eric Geiger; *Connections. Linking people and principles for dynamic church multiplication* de Gustavo V. Suárez; Descubre cómo dar el salto. Iglesias Exitosas de Thom S. Rainer; ¿Cómo Sembrar Iglesias en el Siglo XXI? de Daniel Sánchez, Ebbie Smith y Watke E. Curtis; Evangelismo Explosivo de James Kennedy. Estos libros, que en parte han sido bases sólidas de este trabajo, poseen los siguientes planteamientos en común: filosofía que evidencia el trabajo misionero; regreso a los valores misionales del Nuevo Testamento; plantación de iglesias y la metodología para conseguirlo; simplificación organizacional de la iglesia para lograr un programa más efectivo; razones misiológicas para la plantación de iglesias; posturas acordes con los tiempos para convertirse en una iglesia exitosa.

Me propongo insistir en que la nota disonante de las iglesias radica en subestimar las máximas de Jesús: alcanzar y discipular. A veces estoy tentado a creer que las costumbres del pasado y las vendas en los ojos del presente representan iglesias estilo a clubs sociales o iglesias ondas secularizantes. La observación de la acción del Espíritu Santo en muchísimas iglesias ha sido suplantada por frases como "así se hacía antes aquí", o bien "dejemos que las técnicas de mercadeo nos enseñen cómo administrar a las iglesias de hoy". Pongamos más atención a lo más trascendente, la enseñanza de la Palabra. Avalando lo expresado, permítaseme citar otra vez a Eddie Gibbs:

En los albores del siglo XXI, el rey que no conocía a José representa la cultura colectiva de la cual nosotros somos parte. El impacto combinado de la Era de la Información, del pensamiento postmoderno, de la globalización y del pluralismo racial étnico, que ha visto la desaparición de la gran historia americana, también ha desplazado el papel histórico que la iglesia ha desempeñado en esa historia. En consecuencia, estamos viendo la marginalización de la iglesia institucional.[2]

La iglesia está llamada a comprometerse con su contexto social y más que ello, la iglesia debe sentirse comprometida con los que viven más allá de sus playas. Escuchar un sermón dominical luego de interminables alabanzas, que repiten casi siempre lo mismo y llenar los espacios semanales con algunas demandas de sus organizaciones, sume a cualquier iglesia en un estado de amnesia espiritual y misional que hunde a cualquier creyente nominal en un "¿y después de esto qué?". Al arribar a estas conclusiones, Educación Cristiana y Misiones, tomamos derroteros prácticos y diferentes que, no sólo son sermones, alabanzas y comentarios organizacionales como únicos elementos de la iglesia. Hemos decidido subir a las alturas de nuestra razón de ser y existir para mostrar que algo básico se había perdido en el camino de nuestro andar como iglesia militante. Oramos, indagamos, leímos, observamos los tiempos y su devenir y como consecuencia, hallamos los dos caminos que proponemos como máximas supremas: *Misiones y discipulado.* Nuestra iglesia, con matices conservadores y sobre todo medio tradicionales, propone ahora una praxis diferente sin abandonar sus esquemas doctrinales y teológicos, pero con una nueva visión acorde con las enseñanzas prácticas de Jesús y al unísono con los tiempos nuevos en que vivimos.

Algunos ejemplos que ilustran

Después de un análisis de nuestra trayectoria como fuerza rectora de la verdad bíblica que buscamos, descubrimos que hacíamos trabajo

[2] Ibid.

misionero, pero no a la manera de Jesús. Esto nos llevó a considerar que si queríamos emprender un camino conforme a Su voluntad debíamos volvernos agresivamente a las misiones y luego a la instrucción discipular. Abrimos puertas haciendo conciencia en la iglesia y luego comenzamos a saltar sobre los océanos abriendo brechas en otras naciones o etnias: en Nigeria (África), con los Miaus en China, en Indonesia, Marruecos, Haití, República Dominicana en su olvidada frontera sur con Haití, Venezuela, con los Iquitos en el Perú, Argentina y Cuba. Todos estos retos, foráneos y locales, han sido como laboratorios que finalmente nos han brindado los resultados buscados y añorados. Cuba se encuentra dentro de nuestro anillo de compromiso. En marzo del 2013 Eldaa Román, Adrián Román, Elsa Ratzkov, Luis Carralero, Raquel Escudero y un servidor, viajamos hacia la tierra de Martí y hundimos columnas firmes en un puerto de mar llamado La Coloma, en Pinar del Río. Creamos un nuevo campo misionero, dejamos a un joven al frente de la obra, cubrimos su salario e hicimos provisiones de instrumentos, muebles y otras necesidades. Cientos de personas fueron contactadas en sus propios hogares, unas cien hicieron profesión de fe. Tuvimos servicios cada noche y descubrimos algo realmente sorprendente, se han finalizado las limitaciones para hacer el trabajo evangelístico casa por casa. Finalizamos nuestro viaje a la isla distribuyendo tratados, Nuevos Testamentos y Biblias. Nunca pude imaginar que las puertas en Cuba se abrieran de tal forma para la predicación del evangelio.

Frontera Sur República Dominicana y Haití. En febrero viajamos a este sitio para animar a las iglesias existentes. En cinco años hemos abierto seis iglesias y varias misiones; hemos graduado 96 estudiantes en una escuela de idiomas que instituimos para enseñar a hablar español a los haitianos que cruzan la frontera de forma indocumentada. Cada iglesia tiene su misionero y la escuela de idiomas sus profesores. Todo ello costeado por nuestra iglesia. En ese reciente viaje (febrero de 2013), tuve la bendición de casar a doce parejas y presentar veintidós niños recién nacidos. Cada lugar a donde llegamos con las buenas noticias de salvación, no sólo es un medio para hacer crecer la obra de Dios en esas regiones, sino que la iglesia local ha sido estremecida en sus propios cimientos, convirtiéndose en un sitio donde la gente gusta llegar para adorar y contribuir.

Honrando la historia

Nuestros antecesores fueron pastores y líderes connotados que en su contexto hicieron cuanto pudieron por llevar adelante el programa de la cruz. Bajo condiciones limitadas, situaciones económicas difíciles, falta de personal y antiguas estructuras y métodos, a pesar de eso, ellos se esforzaron al máximo para hacer un buen trabajo. No obstante, hemos descubierto en metodologías pasadas las siguientes debilidades: Esquemas trasplantados, liturgia inoperante, estrategias evangelísticas fuera de contexto y obstinados medios arcaicos de interrelación personal. ¿Consecuencias? Una iglesia que giraba continuamente, volviendo siempre al mismo punto de partida.

Los tiempos han cambiado

Tal vez corremos dos peligros graves: asimilación socio-cultural sin arraigos auténticos basados en la Palabra o un misticismo religioso basado más en las emociones, es decir, algo de carácter pragmático sin profundidades doctrinales prácticas. Esta era posmoderna está llena de retos, disfraces, contagios, pero llena también de tremendas oportunidades. Creo que la pregunta que hace Robert Hall Clover en su obra, El Progreso de las misiones Cristianas es harto pertinente considerar:

> *¿Qué significa la expresión "¿Misiones Cristianas?"… Misiones Cristianas significa la proclamación del evangelio a los inconversos, en todas partes, de acuerdo al mandamiento de Cristo. "Misiones" viene del latín "mitto"; "yo envío". De allí que un misionero es un "enviado"; "apóstol", del griego aposterio: "yo envío", es sinónimo de misionero, y esta palabra más reciente y más y más conocida puede ser substituida por la primera en todo el Nuevo Testamento sin alterar su sentido. Por ejemplo, el quinto libro del Nuevo Testamento se le puede llamar: "Los Hechos de los Misioneros". El término "misiones" implica tres factores esenciales, verbigracia: uno que envía, un enviado, y uno a quien es enviado.[3]*

---

[3] Robert Hall, Clover. El Progreso de las Misiones Cristianas. CBC. El Paso, TX. 1952, 25.

El peligro que corrimos hace años

Por décadas las escuelas, centros y agencias misioneras mundiales nos enseñaron que un/a misionero/a era una persona muy especial, graduado, escogido y entrenado por ellos. Mi reconocimiento y aplausos para las agencias misioneras, pero hoy ha aflorado un nuevo concepto: misionero es cualquier creyente en Cristo Jesús, graduado o no, que esté dispuesto a convertirse en un instrumento del Señor. Sin subestimar los conceptos de nuestras loables escuelas, nuestra iglesia propone una nueva estrategia para desarrollar la dinámica de la Gran Comisión: todos somos "embajadores de Cristo". 2 Corintios 5:20.

En nuestra iglesia estamos implementando una estrategia misionera y educacional que rompe con todos los patrones establecidos: usted es un creyente genuino de Cristo Jesús; usted puede ser un instrumento idóneo, no sólo para testificar en "Jerusalén" sino también alrededor de toda la tierra. Contribuir a las ofrendas misioneras es correcto y hay que promocionarlo, pero eso no basta; orar por los que hacen el trabajo es loable, pero puede convertirse en un pretexto. Para nosotros el evangelio es algo más que buenas nuevas de salvación, es también tocar el hombro del doliente, estrechar una mano, dedicar una sonrisa, pasar por alto los convencionalismos sociales, tener una respuesta para el joven de hoy, cruzar el río y llegar a la otra orilla, poner en los desvalidos la sonrisa de Jesús y dar de comer a los que tienen hambre. Evangelio es sinónimo de paz, de igualdad, de esperanza y de luz en las tinieblas.

¿Qué estamos haciendo para enseñar con precisión?

Estamos aprovechando la cantera de información que nuestros escritores están produciendo. Cito entre ellos 40 Días en la Palabra, 40 Días de Amor, 40 Días en Comunidad y Administración de la Vida. Todo ello de Rick Warren y, además, El Discípulo Amado de Beth Moore, Daniel de la misma autora. Iglesias Exitosas de Thom S. Rainer, La Iglesia del Futuro de Eddie Gibbs, ¿Cómo sembrar iglesias en el siglo XXI? de Daniel Sánchez, Jonás de Priscilla Shirer, La resolución para mujeres de Priscilla Shirer, El Corazón del Creyente de Beth Moore, La Resolución para los hombres de Stephen Kendrick, The Case for Christ de Lee Strobel (para nuestros jóvenes).

Hemos aprendido a la fuerza que los líderes son importantes y por ello debemos buscarlos y formarlos; en definitiva, ellos son los que harán eficientemente el trabajo. En las 21 Leyes Irrefutables del Liderazgo, John C. Maxwell subraya los siguientes aspectos sobre los líderes:

1. La capacidad del liderazgo determina el nivel de eficiencia de una persona.
2. La verdadera medida del liderazgo es la influencia. nada más y nada menos.
3. El liderazgo se desarrolla diariamente, no en un día.
4. Cualquiera puede gobernar un barco, pero se necesita que un líder planee la ruta.
5. Cuando un verdadero líder habla, la gente escucha.
6. La confianza es el fundamento del liderazgo.
7. Por naturaleza la gente sigue a líderes que no son más fuertes que ellos mismos.
8. Los líderes evalúan todas las cosas con pasión de liderazgo.
9. Quien es usted, es a quien atrae.
10. Los líderes tocan el corazón antes de poner una mano.
11. El potencial de un líder es determinado por quienes están más cerca de Él.
12. Sólo los líderes seguros otorgan poder a otros.
13. Se necesita un líder para levantar a otro líder.
14. La gente apoya al líder, luego a su visión.
15. Los líderes encuentran la forma de que el equipo gane.
16. El impulso es el mejor amigo de un líder.
17. Los líderes entienden que actividad no es necesariamente realización.
18. Un líder debe ceder para subir.
19. Cuando un líder es tan importante sabe cómo hacer y dónde ir.
20. Para añadir crecimiento, dirija seguidores; para multiplicarse, dirija líderes.
21. El valor verdadero del líder se mide por la sucesión.[4]

[4] 5 John C. Maxwell, Las 21 Leyes Irrefutables del Liderazgo. Thomas Nelson. Nashville 1947, 9-13.

He estado citando estos sabios pensamientos de Maxwell porque el trabajo misionero y el discipulado, rigurosamente necesitarán de líderes entrenados o en fase de entrenamiento. Esto es para todos, pero se requerirá de personal capaz de comandar los grupos y las personas a fin de lograr resultados altamente relevantes. Después de haber batallado por años para cimentar una iglesia fuerte, poderosa y sobre todo estable, descubrimos que, misiones y discipulado eran las llaves que abrían las puertas del éxito.

Hemos buscado líderes apropiados

El fracaso de muchas iglesias, entre otros factores, ha radicado en situar al frente de ellas grupos a personas sin un entrenamiento adecuado. ¿Consecuencias? Líderes quemados o trabajos mediocres. El citado autor, John C. Maxwell narra el siguiente episodio:

La invitación de la Chrysler a Iacocca de entrar a formar parte del equipo le presentó la oportunidad – el reto – de toda su vida. John Riccardo, entonces el presidente de la junta directiva de la Chrysler, reconocía que la compañía necesitaba un liderazgo fuerte para poder sobrevivir, algo que él no podía proporcionar adecuadamente, según Iacocca, Riccardo sabía que la posición estaba por encima de su capacidad, de modo que quiso encontrar al antiguo ejecutivo de la Ford como presidente de la Chrysler, Riccardo a su vez, cedería su puesto de dos años, a fin de que Iacocca se convirtiera en presidente de la junta directiva y jefe principal. John Riccardo estaba dispuesto a sacrificarse a sí mismo por el bien de la compañía. Como resultado, Iacocca tendría la oportunidad de realizar el sueño de toda su vida: Ser el jefe máximo de una de las tres grandes compañías automovilísticas y es sabido por todos que Iacocca elevó las ventas de la Chrysler a una altura sin precedentes.[5]

Conocido es el refrán popular de que los líderes no nacen, sino que se hacen. Es preferible, a nivel de iglesia, que tengamos sólo estructuras básicas pero sólidas a poseer demasiadas organizaciones sin que ellas

[5] 6 John C. Maxwell, Las 21 Leyes Irrefutables del Liderazgo. Thomas Nelson. Nashville 1947, 203.

satisfagan las expectativas esperadas y provoquen un trabajo infructífero. Muchísimas veces las convenciones, asociaciones, compañerismos regionales y confraternidades, fuerzan a poseer estructuras que van más allá de las posibilidades reales. No hay mejor promotor y termómetro que las mismas iglesias locales, pues son ellas quienes realmente conocen sus posibilidades. Nunca debemos permitir que nos aprisionen con cinturones que lejos de favorecernos provocan frustraciones, depresiones y todo tipo de equívocos. Insisto en que nuestro fuerte es el discipulado y las misiones porque fundamentalmente es el plan bíblico lo que hace de las iglesias verdaderas, cuerpo de Jesucristo.

Observando las 32 reglas de nuestro descubrimiento hemos:

1. Maximizado el potencial de nuestros líderes.
2. Seguido las huellas de los conquistadores seculares y bíblicos.
3. Enfocado a nuestra gente en las dos acciones básicas de la iglesia: misiones y discipulado.
4. Aprendido que los fracasos son índices para descubrir nuevas rutas.
5. Aprendido a no subestimar a nadie cualesquiera que sean sus características étnicas o educacionales.
6. Descubierto que algunos métodos que han caracterizado a las iglesias por décadas no son pertinentes para hoy.
7. Redescubierto que las imitaciones son burdas y no conducen a ningún éxito por cuanto Dios trabaja diferente en cada iglesia.
8. Visto en la práctica que el evangelio va más allá de "buenas nuevas de salvación".
9. Corroborado que cuando nos hacemos solidarios con causas nobles, ya sean sociales o éticas, el pueblo reacciona adecuadamente.
10. Descubierto que liturgias trasplantadas no son pertinentes hoy.
11. Visto que el descuido de los niños y los jóvenes han sido un mal generalizado.
12. Observado que el estudio de la Palabra ha sido suplantado por la música, los videos y las películas.
13. Concretado que el poco éxito de algunas iglesias radica en el hecho de buscar multitudes y no personas.

14. Comprendido que la secularización ha tocado las puertas de nuestras iglesias.

15. Lamentado que la farándula, la tecnología y el internet son hoy el "pan nuestro de cada día" y no toda "palabra que sale de mi boca" (Isaías 55:11).

16. Concretado que las predicaciones, salvo honrosas excepciones, no responden a los reclamos de la Biblia y a las necesidades básicas de los individuos.

17. Lamentado que las personas de la tercera edad representan fósiles en las congregaciones y no fuentes de inspiración y experiencia práctica.

18. Precisado que los seminarios no poseen en su currículum suficiente orientación bíblica como para crear iglesias fuertes en la Palabra y obreros hábiles en la misma.

19. Comprobado que la mayoría de las iglesias realizan sus trabajos sin metas, sin misión ni comisión formal.

20. Observado que un gran número de obreros han descuidado su educación formal y teológica con las consecuencias de un trabajo a medias e inadecuado.

21. Descubierto la poca percepción de la religiosidad actual con tendencia al descenso y no al ascenso.

22. Palpado la poca conciencia de que la historia del cristianismo está llena de descensos para luego producir los grandes ascensos, y que esto es parte de la historia existencial de la iglesia.

23. Notado el poco énfasis del llamamiento de Dios para las tareas especiales; jóvenes graduados en nuestros seminarios después prefieren otras carreras.

24. Observado que mucha de la literatura cristiana que se produce no responde a este período histórico llamado posmoderno.

25. Notado que las traducciones del inglés a nuestro idioma no son apelativas, ilustrativas ni pertinentes a nuestra cultura.

26. Hemos sido muy indiferentes a las necesidades existenciales de nuestra gente y de nuestros pueblos.

27. Observado que cuando los cristianos no tienen un contenido de acción evangelístico y discipular sistemático y continuo, buscan otros pastos verdes creyendo que son más adecuados. Y es posible que sea así.

28. Visto que mucho material adecuado que sale de los talles cristianos, ni siquiera es conocido por las iglesias.

29. Descubierto que las iglesias tienen tantos programas no pertinentes que las familias que las componen no tienen tiempo para compartir y relacionarse entre ellos.

30. Observado que la forma de motivar las emociones en las iglesias roba lo más básico: acción evangelística, preparación adecuada y vida de oración.

31. Descubierto que la oración y la obra del Espíritu Santo son las opciones olvidadas.

32. Implementado una dinámica que trasciende a lo tradicional, sin descuidar la doctrina, la teología y la ética bíblica que nos han caracterizado.

Personalidades que han influido en nuestra nueva estrategia

Famosos escritores como Rick Warren han constituido un acicate para nuestra nueva estrategia misional y educacional. Sus célebres 40 días en: La Palabra, Amor y Comunidad han cambiado el espectro de nuestra iglesia. De reuniones pobres en asistencia y contenidos precarios semanales, Rick ha llegado para indicarnos otras avenidas que antes no habíamos explorado. Actividades para todas las edades, desde los preescolares hasta los ancianos, se dan cita cada miércoles y cada domingo en nuestros espacios. El crecimiento de asistencia ha sido de un 70 % en cada reunión de grupos pequeños y en actividades masivas. Sin embargo, las orientaciones recibidas, no sólo han incentivado la asistencia, sino que han puesto a la congregación a realizar actividades cada día en sus respectivas comunidades. Hemos creado grupos de trabajo en asilos de ancianos, con personas ancianas en sus casas con necesidades, con enfermos sin recursos, ayudando a familias a recibir provisiones alimenticias, que ha servido de inspiración para llevar el evangelio a la comunidad y más allá de nuestras fronteras. Personas que carecían de incentivos y motivaciones, hoy han sobresalido como destacados líderes. No es que R. Warren haya provocado toda esta reacción en cadena, él y sus obras han sido parte del proyecto que descubrimos que Dios tenía para nosotros; para ejemplificar en algo lo que hemos querido expresar, subrayo que en esta semana más de mil personas han asistido a un programa especial confeccionado para ilustrar la pasión, muerte y resurrección del Señor. De esas personas que asistieron alrededor de cien entregaron su vida al Señor. Y repito, ¿Qué es lo que estamos haciendo para lograr resultados tan significativos? Pues nada en especial, salvo tres cosas básicas: 1- Oración; 2- Búsqueda de la dirección del Espíritu Santo; 3- Énfasis sistemático en misiones y evangelismo. Y para conseguir estas tres máximas no hemos subestimado lo que otros han planeado y escrito. Nos volvemos con fervor hacia las Escrituras, ponemos los pies sobre esta tierra posmoderna y preparamos líderes para hacer el trabajo. Todo esto lo puede lograr cualquier iglesia que esté dispuesta a "desfosilizarse" y a trabajar con sistemas y metas claras.

Tiempos cambiantes exigen acciones nuevas

El carácter resentido de los cambios del mundo ha dejado perplejos a los eruditos, a los estadistas, a los observadores políticos y hasta a los creadores de las nuevas tecnologías. Después de entrar por las puertas del siglo XXI, todos nuestros libros de texto, mapas, diccionarios y filosofías han quedado obsoletos. A fuerza de tantas religiones que crecen como hongos, nos hemos vuelto vulnerables al engaño. El materialismo, el narcisismo y el egocentrismo son los grandes vicios de nuestra era y ello nos está llevando a la insensibilidad colectiva. Hoy el placer se ha convertido en meta. El diablo ha diseñado un plan y un mapa perfecto. Otra vez está ofreciendo los reinos del mundo. Todo lo descubierto en la literatura que hemos consultado está provocando una catarata de recursos que harán posible, no sólo el proyecto, sino la estabilidad definitiva de nuestra iglesia.

La técnica sobresaliente de todo ello es hacer conocer a la iglesia que, si el mal va en aumento, el plan de reivindicación del universo es el plan supremo del Creador y que finalmente el triunfo le pertenece a Él. Cuando la organización de las Naciones Unidas se organizó, acordaron que la palabra Dios no figuraría en su Carta. El mundo ha querido dejar a Dios fuera de sus planes pero Dios no ha hecho lo mismo con el mundo. Creemos que la pregunta de rigor hoy es, ¿Cómo articular hoy una cosmovisión de la fe cristiana que sacuda a esta iglesia posmoderna? Hoy la cultura dominante promueve la prosperidad como el bien supremo y muchísimas congregaciones también lo hacen: el criterio en boga hoy es: Los derechos de los hijos del Rey, de ahí la teología de la prosperidad. Si queremos que hoy el cristianismo resulte pertinente, hemos de considerar tres aspectos básicos:

1. Los cambios. Es importante recordar que los cuerpos inertes o se pudren o se petrifican.
2. La iglesia deberá tener respuestas adecuadas para esta hora secularizante.
3. Es menester, como iglesia, que analicemos ¿en qué hemos fallado? Hay muchísimas brechas más a las cuales tenemos que hacer frente: 1- La teología de la curación de las memorias o sanidad interior basada en aspectos psicológicos más que escriturales. 2- Las maldiciones generacionales, según este criterio, heredamos las maldiciones de nuestros atávicos. 3- Amistad cristiana, secta carismática y sincretista con elementos de psicología, humanismo y principios metafísicos; sus énfasis son dinero, éxito y prosperidad material. 4- La teología de la risa o borrachera en el Espíritu. 5- La teología del vómito, donde, según ellos la obra sanadora del Espíritu Santo provoca y produce la expulsión de todo lo que haya negativo en el estómago.

Ante tantas aberraciones teológicas y sobre todo ante tanto conformismo dentro de las filas del cristianismo, se hace perentorio reevaluar la trayectoria de nuestras iglesias. Siendo que las multitudes son atraídas, envueltas y subyugadas por tanto llamado tentativo de los que por atraer a las masas son capaces de "vender su primogenitura por un plato de lentejas". Por ello se hace necesario y urgente salir al encuentro de esta grave problemática con la verdad como bastión.

Conclusión

Deseo terminar este capítulo con las palabras de David T. Olson ya citado anteriormente:

El avivamiento y la restauración comienzan con oración y los sostenemos con oración, pero incluyen otros componentes. He aquí una lista de los pasos que creo que Dios usará para mover a la iglesia desde la crisis a una revolución espiritual.

1. Orar por restauración.
2. Decir la verdad.
3. Convertirnos en misioneros culturales.
4. Recobrar el mensaje y la visión de Cristo.
5. Comunicar directamente a Jesucristo.
6. Establecer iglesias y líderes saludables.
7. Abrir sendas fructíferas.
8. Iniciar una revolución espiritual.[6]

En un hemisferio plagado de tecnología, "celebridades", grandes cambios de comunicación y nuevas estructuras sociales y religiosas, estamos obligados a contemplar el futuro con axiomas posmodernos y realizar los arreglos y cambios que esta nueva era exige. No podemos girar las espaldas o asumir el papel de indiferentes. De lo contrario escucharemos el sonido de las campanas y preguntaremos angustiados, "¿por quién doblan las campanas?".

---

[6] 7 David Olson. *The American Church in Crisis*. Zondervan. 2008, 3.

CAPÍTULO 4

Estrategia de implementación de resultados

Introducción

Este capítulo tiene como propósito exponer las formas en que vamos a tratar con los retos, necesidades y oportunidades ya expresadas. Estaré además analizando los resultados a fin de que ofrezcan aportes ponderables. Plantearé la declaración de tesis, metas logísticas, asunciones, limitaciones y definiciones claves. Otros aspectos serán enumerados, proyectados y evaluados. Siendo que navegamos por la anchura y profundidad de un proceloso mar de opiniones, encuestas y contradicciones, trataremos de esbozar nuestros puntos de vista de forma práctica y que satisfagan las expectativas de mis lectores y más que ello, que pueda conseguir los resultados que añoro en mi trabajo. Más que puntos de vista o filosofía de una acción *a priori*, pretendo alcanzar metas que causen una revolución eclesiológica, tanto a nivel local como general. Hemos puesto a los implicados en el proyecto a realizar algunos análisis, entre ellos:

Delineamiento del proyecto

Tengamos presente que esta propuesta pretende demostrar que misiones y discipulado son importantes herramientas para hacer crecer una iglesia. Por ello y durante muchísimas semanas y meses haremos lo siguiente:

1. Creación de un staff, timón, que será el motor de esas acciones.
2. Instrucción debida a ese staff para que esté autopreparado y al mismo tiempo sea capaz de guiar los estudios. La instrucción está basada en: a) ¿Qué queremos conseguir? b) ¿Cómo lo vamos a lograr? c) Tiempo de duración d) Materiales a usar e) Obstáculos f) Tipo de líderes g) Acciones prácticas.
3. Reuniones regulares semanales. Cada miércoles por edades o grupos y los domingos, resúmenes generales.
4. Reuniones periódicas de informes para mejorar las áreas más sensibles o débiles.

Los grupos impartirán materiales relacionados a los objetivos.

Una selección de materiales celosamente seleccionados serán los instrumentos para la implementación. Esas obras están relacionadas con las dos vertientes que ocupan este proyecto: discipulado y misiones. Tendremos cuidado en que los líderes seleccionados se preparen debidamente para lograr los propósitos requeridos.

Sí, hacer misiones:

1. ¿Cómo misionar?
2. ¿Dónde?
3. ¿Cuándo?
4. ¿Con qué materiales?
5. Estrategias según el lugar, costumbres, etnia, posibilidades y logística.
6. La instrucción bíblica básica.

7. Oración individual y por grupos.
8. El estudio de la etnología es tópico clave.
9. Tecnología.
10. Seguimiento.
11. Medición de resultados a base de encuestas.
12. Consideraciones de las obras ya citadas.

Sí, discipular:

1. Selección del personal.
2. Líderes preparados.
3. Materiales adecuados. Vea más adelante en este capítulo donde hay una exposición de los materiales que serán usados y de otros que serán incorporados paulatinamente durante el proceso.
4. Nos aseguramos de que el proyecto cubra aspectos comunitarios y atienda a: enfermos, desvalidos, madres solteras, alcohólicos, drogadictos, homosexuales, parejas con problemas, personas en apuros económicos, presos, los que sufren discriminación, a personas con problemas de identidad sexual, hospitalizados, u otros.
5. Conocimiento bíblico.
6. Estudio del Antiguo y del Nuevo Testamento.
7. Profecías.
8. Trasfondo bíblico.
9. Las enseñanzas de Pablo.
10. Las últimas cosas.
11. Salvación.
12. Santificación.
13. Estudio sobre aspectos étnico-cristianos.
14. La fe frente a los desafíos de la era postmoderna.
15. Apologética.
16. Eclesiología y homotética.
17. Trabajos prácticos.
18. Análisis de las obras ya citadas.

Al terminar el ciclo toda persona enrolada deberá ser capaz de: vivir una vida cristiana piadosa y activa, ser capaz de instruir a otros, conocer mucha literatura discipular, ser fiel a la iglesia, ganar a otros para Cristo y viajar a algún país extranjero en calidad de misionero. Al terminar el proyecto las personas volverán a ser encuestadas para medir los resultados. El éxito o fracaso del proyecto se dará a conocer en el próximo capítulo (5).

Los retos que tendremos en cuenta en el proyecto y los beneficios de tener retos

Uno de los aspectos que tendremos cuidado en subrayar será la concientización de tener retos y metas para lograr los propósitos que nos proponemos. Ambos son carrozas que conducirán a los sitios a donde nos proponemos llegar. Los retos constituirán también la fuerza motriz que impulsará la propuesta que plantearemos.

1. Las metas ayudan a enfocar los esfuerzos.
2. Las metas evitan que se caiga en asuntos, relaciones y actividades erradas que sirven como distracciones.
3. Las metas ayudan a determinar agendas.
4. Las metas ayudan a equilibrar la vida.

Características de una persona con metas

Si una persona pretende lograr objetivos prácticos, las metas son un medio eficiente para conseguirlo. Las metas ofrecen la oportunidad de observar si la persona tiene un plan lógico y científico. Las metas son luces que orientan a las personas en medio de cualquier incertidumbre. Nadie llegará a ningún lugar si primero no tiene metas específicas. Subrayaremos en los grupos los aspectos que indican la importancia de las metas y cómo se comporta una persona cuando las tiene. Una persona con metas:

1. Tiene dirección en su vida.
2. Tiene entusiasmo por la vida.
3. Tiene una energía notable.
4. Frecuentemente es muy creativa.

5. Busca la excelencia.
6. Aprecia muchísimo a quienes tienen propósitos.

¿Qué prefieres ser, persona con o sin retos?

En nuestros grupos tendremos cuidado de enseñar que una persona sin retos es como un barco sin timón que, con seguridad, irá a la deriva. Una persona con retos es alguien con entusiasmo que no acepta la mediocridad, que trabaja duro para alcanzar sus objetivos, que desecha las desilusiones, que no se conforma con una vida rutinaria, que nunca será un mal mayordomo de dones divinos, tiempo, recursos y energía. Una persona sin retos no sabe a dónde va, muestra poco entusiasmo por la vida y por el trabajo, mientras que una persona con retos persigue la excelencia, aprecia a quienes triunfan, tiene fuerte sentido de propósito, valor y aprecio, busca una vida activa y creativa, luchando siempre por conseguir el equilibrio que se basa en la salud emocional, espiritual y física.

Los retos no son abstractos, esto quiere decir que cualquier mente avispada los puede detectar; ahí están, son obvios y brillan como las estrellas en las noches. Las preguntas de rigor son: ¿Cuáles son los más perentorios y cómo los podemos alcanzar? Para la respuesta a la primera pregunta véase la página número uno del capítulo I (tercer párrafo) de este proyecto. Para la respuesta a la segunda pregunta, me propongo realizar las siguientes actividades:

1. Una evaluación de mi entorno ministerial.
2. Un análisis de los fracasos pasados.
3. Una proyección que involucre a varias de personas.
4. Síntesis de resultados obtenidos en nuestra propuesta de renovación.
5. Equipamiento de especialistas en las dos ramas a tratar: Discipulado y misiones.
6. Saltos por encima de las propuestas tradicionales.
7. Enfrentamiento con los obstáculos que han surgido y seguirán apareciendo.

8. Tesón para fortalecer las "estacas" espirituales y que nadie nunca nos arranque del propósito.

Los retos son máximas, escuelas de aprendizaje y terreno sólido para plantar conceptos inconmovibles. No ignoramos, en lo más mínimo, que cuando tocamos las "vacas sagradas", una ola de situaciones acude, como resonancias magnéticas. Sin embargo, es saludable recordar que esas situaciones son los aldabonazos del triunfo, porque no hay batallas ganadas sin el ruido de algún cañón.

Los retos y las necesidades son los mejores índices de referencia. Estamos lidiando con ellos, algunas veces son como los rayos del sol que podrían irritar nuestros ojos, pero para esas horas de irritación sé también que Él ha provisto colirios. "No pierdas el tiempo, será inútil...", pueden ser palabras que alguien diga a tus espaldas. No sería nada nuevo, ni extraño. Eso me recuerda las inmortales palabras del profeta Isaías: "Entonces tus oídos oirán a tus espaldas palabra que diga: Este es el camino, andad por él; y no echéis a la mano derecha, ni tampoco a la mano izquierda" Isaías 30:21. Él siempre nos llevará de la mano.

Lo que serán los retos, según nuestro proyecto:

1. Suma de secuencias basadas en vivencias y experiencias de andar por la vida de la mano con el Señor.
2. Resultado de un desarrollo progresivo de información bíblica.
3. Consecuencias de haber agudizado nuestros ojos espirituales para ver las necesidades de los demás.
4. Ansias infinitas de logros por hombres sanos y santos.
5. Proposición de llegar al "blanco a pesar de".
6. Haber arribado al hecho de que la vida trasciende y que más allá de las vallas, otros aguardan por nosotros.
7. Haber renunciado a toda superficialidad terrena con tal de lograr objetivos trascendentes.

Lo que no serán los retos de nuestro proyecto:

1. Los retos no son superficiales o visiones basadas en emociones condicionadas.

2. No siempre son metas que se puedan concretar con reglas para medirlas.
3. No son aspiraciones fundadas en filosofías humanas.
4. No son imposiciones formuladas por el jefe de turno.
5. No son muchísimas veces medibles porque ellas pueden sobrepasar los límites de la imaginación más precoz.
6. No son plantas que crecen en todo tipo de terrenos.
7. No son lecciones aprendidas en catálogos, autores o notas de algún catecismo.

¿Cómo me propongo llegar a la meta y conseguir los retos?

Viendo al Invisible para que Él nos de fuerzas para llegar con recursos materiales y espirituales a cualquiera que gima por los mismos. Como iglesia hemos inaugurado un sistema de enseñanza y ejecución que nos está permitiendo llegar a donde antes no habíamos podido. Al andar sobre el camino de este proyecto hemos formado cuadros de instrucción por edades, incluyendo a los niños. A continuación refiero las fuentes que hemos usado, entre otras muchas más, para implementar nuestra estrategia: 40 Días en la Palabra, 40 Días de Amor, 40 Días en Comunidad y Administración de la Vida. Todo ello de Rick Warren y además: El Discípulo Amado, El Corazón del Creyente, Daniel de Beth Moore. Iglesias Exitosas de Thom S. Rainer, La Iglesia del Futuro de Eddie Gibbs, ¿Cómo sembrar iglesias en el siglo XXI? de Daniel Sánchez, Jonás de Priscilla Shirer, La resolución para mujeres de Priscilla Shirer, La Resolución para los hombres de Stephen Kendrick, *The Case for Christ* de Lee Strobel.

Los retos y métodos que vamos a implementar para medir

1. Hemos cuidado que las acciones tomadas sean medibles, hasta donde sea posible.
2. Los retos deben perseguir objetivos claros. Robert Mager dice: Los objetivos son una herramienta para describir los resultados

esperados, proporcionan una base para lograr el éxito de la formación y tienen gran utilidad.[1]

3. Los retos son vitales para el éxito de un plan de trabajo cualquiera.

4. Los retos no deben estar nunca por encima de las posibilidades de un plan.

5. Nuestros retos confirmarán con resultados prácticos, que aquéllos eran legítimos.

6. Las oportunidades expresadas en el capítulo uno han sido conseguidas y con ellos los retos.

Si hemos logrado cambiar la imagen de la iglesia en asistencia, educación, dedicación y alcance misionero, ello es indicativo de que nuestros métodos son adecuados. Personas con un liderazgo prominente, familiarización con la mejor educación que sale de los talleres cristianos, personas transformadas, almas ganadas, un ministerio misionero activo y agresivo que ha formado nuevas iglesias, escuelas de idiomas, misiones, que ha atravesado los océanos y llegado a otros continentes, muestra que nuestra propuesta es legítima. Este trabajo no ha sido el resultado de 12 semanas, comenzó y ha sido el esfuerzo sistemático de muchísimo tiempo. Cuando concluyamos el tiempo señalado, confiamos en haber conseguido lo que nos habíamos propuesto.

Propuesta de tesis

Demostrar que cualquier iglesia se hace un cuerpo poderoso si asume el discipulado dirigido y continuo, y el trabajo misionero, como máximas de su existencia. Aunque esto está planteado axiomáticamente no dudo que haya iglesias que estén descubriendo otras formas de implementar misiones y discipulado usando otras estrategias. De ninguna manera establezco esto como único recurso eclesiológico; es más, sé que muchas iglesias habrán practicado mi propuesta sin lograr resultados ambiciosos. De ninguna manera pretendo sentar cátedra, pues desde el origen de la

---

[1] Robert Mager. ¿Cómo formular objetivos didácticos? EPISE. Gestión 2000, 13.

iglesia la historia enseña que, incluso por medios extraños al ojo humano, Dios ha hecho maravillas. A modo de ejemplo cito los eventos narrados en el libro de Hechos capítulo dos: Los eventos de Pentecostés.

Método profesional del proyecto

El trabajo que hemos implementado y proponemos a otros, tiene matices profesionales. El uso de los medios tecnológicos: internet, power point, Facebook, cámaras fotográficas, entrevistas, encuestas, filmaciones y otros. Exégetas bíblicas, evangelistas de éxito y literatura selecta. Todo ello como resultado de la búsqueda de los mejores recursos que serán implementados.

Logística, asunciones, limitaciones y definiciones claves

Tiempos de oración, planificación del trabajo, de los detalles y pormenores compondrán la logística de nuestra propuesta. Asumimos y sabemos que tendremos que afrontar dificultades: financieras, de comprensión, entusiasmo, militancia y continuidad. Todo esto ya lo hemos confrontado, pero la fuerza de lo que creemos y buscamos nos conducirá al éxito. Basamos nuestros puntos de vista, no identificando limitaciones, sino decididos a pasar por encima de ellas. Si de definiciones claves se trata, anotamos las siguientes: un discípulo es alguien que aprende, más que en un aula, en su relación personal con el Señor y que lleva un contacto directo con aquellos que tienen ya estampadas en su alma las huellas del Espíritu Santo. Un ganador de almas es alguien que, independientemente de haber adquirido ciertos hábitos evangelísticos, ha desarrollado un andar nuevo que lo hace siervo de ese deber. Este será un fuerte énfasis del proyecto en experimento.

Los fracasos de muchas iglesias radican en imponer sistemas e inyectar conceptos que sólo residen en la epidermis de los creyentes. Repeticiones, logísticas sin lógica, frases aprendidas y emociones implantadas, representan limitaciones y nunca hechos claves. Es hora de que nos demos cuenta de que esta es una generación diferente y en crisis, y que un nuevo sistema de enseñanza deberá permear las estructuras eclesiásticas desde sus mismos cimientos. Es hora de que despertemos y no sigamos permitiendo que ciertas figuras moldeen nuestro modo de actuar como iglesias neotestamentarias.

Hank Hanegraaff dice: "[…] las enseñanzas erróneas de Joel Osteen, Joyce Mayer, Creflo Dollar, Benny Hinn, Kenneth Copeland, Kenneth Hagin, Frederick Price, Myles Monrroe, T.D. Jokes, Paola White, Juanita Bynan, John Hagge y otros muchos. Todos ellos, han hecho una sustancial contribución tanto a la producción como a la proliferación de herejías aberrantes".[2]

Sí, en esta "civilización" posmoderna, las enseñanzas del Señor y las de todo el Nuevo Testamento, deberán ser desempolvadas y reincorporadas en la vida y hechos de cada creyente genuino. Olvidamos preceptos y enseñanzas de Jesús y sus apóstoles tendientes a cómo proyectar un trabajo basado, no en criterios humanos sino en la Palabra. Es menester, aunque parezca repetitivo, permitir que los modelos antiguos enseñen cosas que hoy han sido olvidadas o descuidas.

Este proyecto, insisto sin temor a las redundancias, propone regresar a las normas que hicieron de la iglesia una agencia sin precedentes, incorporando todos los medios contemporáneos en su ejecución para conseguir resultados altamente relevantes. Esta es nuestra declaración de tesis planteada en el capítulo I y que será reiterada a través de todo este trabajo. Sé que los puentes no son fáciles y tal vez rechazados por muchos, pero es nuestra convicción que los mismos representan la salvación del cristianismo. Sin ellos no se llega al otro lado, el camino es Jesús y el puente es el Evangelio.

La garantía de este trabajo requerirá la participación masiva de la iglesia. Esta es nuestra estrategia por excelencia. Rick Warren en su obra 40 Días en Comunidad subraya:

"Dios no quiere que vayamos solos por la vida… Donde quiera que uses tus talentos, tus habilidades, tu entorno, tu experiencia, tu tiempo, tu energía, para ayudar a alguien más y lo hagas en el nombre de Dios, la Biblia lo identifica como ministerios".[3]

---

[2] Hank Hanegraaff. Grupo Nelson. 2010. P. 9.
[3] Rick Warren, 40 Días en Comunidad. Recursos de Saddleback, 2012, 3.

¿Qué se necesita para formar un equipo? El citado Warren contesta esta pregunta diciendo:

"Debes hacer cuatro cosas:

1. Total confianza. La confianza es el pegamento espiritual que une a las personas.
2. Estar cerca de las personas. La única forma de ganar confianza y de merecer confianza, es estar cerca de la gente.
3. Docilidad. Formar un equipo requiere docilidad y tolerancia, porque todos somos diferentes. A Dios le gusta la diversidad.
4. Obrando. Los equipos no han sido formados sólo para que existan. Tienen un propósito. Deben tener una causa. Deben tener una misión... Las secoyas son árboles que pueden alcanzar hasta 150 metros de altura pero son tan frágiles que cualquier viento pudiera derribarlos... Lo que la mayoría no sabe, es que estos gigantes tienen raíces entretejidas y con otros grupos de Secoyas ello les hace resistentes ante cualquier fenómeno natural. Eso es precisamente lo que logramos cuando formamos grupos para la acción educacional y misionera de la iglesia. Eso es lo que Dos quiere que sea la iglesia... vamos a tener tormentas en la vida, tormentas relacionales, financieras, de salud. Tendremos todo tipo de problemas y nos harán caer si estamos solos. Necesitas gente con quienes caminar en la vida".[4]

Los grupos

Para desarrollar esta tesis de trabajo hemos creado grupos: de oración, de trabajo comunitario, de liderazgo, de útiles manuales y técnicos, de alimentación, de cocina, de recogimiento de útiles para el hogar y las familias, de visitación, de construcción de proyectos, de provisiones financieras, de consejería, de contactos con personas con circunstancias especiales, de ayuda a las diferentes edades, de viajes a otros países y finalmente personas dedicadas a la fabricación de capillas, muebles y demás necesidades existenciales. Con todo este personal construiremos

---

[4] Ibid, 11-12.

el edificio de nuestro ambicioso proyecto. Sé que no será fácil, pero en el nombre del Señor lo conseguiremos.

Itinerario de implementación del proyecto

La idea de este proyecto tuvo sus inicios hace tiempo cuando aún era joven la aspiración a un segundo doctorado. Comencé a gestar mi propuesta basada en el hecho de que hace mucho que desperté a la realidad de que, por ejemplo, las neuronas de la iglesia son el discipulado y las misiones. El primer paso será viajar al África con el fin de ganar a los Hausas para Cristo, ya hemos hecho esos viajes y se seguirán haciendo periódicamente hasta que la represión musulmana lo permita. Luego llegará Haití, donde con frecuencia viajaremos discipulando y evangelizando. Más tarde arribaremos a la frontera sur entre la República Dominicana y Haití; seguiremos extendiéndonos para llegar a la China y a varios países de América Latina. Ya antes hemos incursionado en estos lugares.

Los proyectos locales, marcharán paralelos a los trabajos en el extranjero. La forma en que implementaremos el trabajo a nivel local fortalecerá la visión general. Semanas tras semanas continuaremos proveyendo medios e instrumentos a fin de que el trabajo no sea detenido de forma alguna. Al unísono haremos trabajos en las áreas expresadas de forma que ambos ministerios sean fortalecidos y alimentados el uno del otro. Tomando a creyentes nuevos los envolveremos de tal forma en esas acciones que luego serán líderes connotados. Abundaremos en el crecimiento espiritual de los creyentes que hoy se sientan renovados. Crearemos fuentes de trabajo y nuevos ministerios para poder implementar las nuevas estrategias. Hemos graduado noventa y seis estudiantes en la escuela de idiomas en la frontera sur de la República Dominicana con Haití y en el futuro graduaremos grupos aún mayores. Hemos creado nuevas iglesias y en el futuro tenemos la visión de triplicarlas. Hemos legalizado la unión marital de las parejas que vivían juntas sin firmar papeles de unión legal y en el futuro este trabajo será aún más significativo. Hemos construido nuevos templos, desarrollado operativos médicos, sostenido económicamente a los misioneros, comprado instrumentos musicales, fabricado bancas para los templos. La maquinaria local no cesará de hacer su trabajo y conseguir nuevos resultados. Sé que en el camino hallaremos muchos obstáculos, sabemos que siempre los habrá. Algunos han quedado en el camino, pero los más han marchado aferrados a la asta de sus banderas. Estoy queriendo influir en otros obreros e iglesias a fin de que también pongan el pie en el arado y juntos podamos impactar el mundo.

En grupos

Es en grupos que se hará el trabajo porque solos no podríamos. Se preparan y se adecuan los grupos, como piezas o lozas de colores de un suelo, y luego vamos uniendo a los demás. Los grupos facilitan la enseñanza dirigida y práctica.

Rick Warren dice:

"La primera cosa que Dios dijo al hombre fue: 'No es bueno que el hombre esté solo'. Fuimos hechos para vivir en comunidad. Fuimos hechos para el compañerismo. Fuimos hechos para las relaciones… Dios no quiere que vayas solo por la vida… Dios quiere que uses tus talentos, tus habilidades, tu entorno, tu experiencia, tu tiempo, tu energía, para ayudar a alguien más y lo hagas en nombre de Dios, la Biblia conoce esto como ministerio… El hecho es que hacemos más juntos… Los que han sido parte de algún equipo recuerdan cosas muy gratas de esos tiempos". [5]

Lo que se necesita para formar un equipo

Deberás hacer cuatro cosas:

1. Tienes que tener confianza en los demás. La confianza es el pegamento emocional que une a las personas.
2. Ser consistente. A la mayoría nos gusta las personas que son fiables, responsables y serias. Recuerda que para hallar gente confiable, primero ellos tienen que confiar en ti, los confiables son consistentes,

[5] Ibid 4-12

siempre están cerca, son personas que han aprendido a escuchar a los demás.

3. Docilidad. Todos somos diferente y por ello tenemos que ser tolerantes.

4. Obrando. Los equipos no han sido formados sólo para que existan. Tienen un propósito, una causa, una misión… permítame usar de nuevo el ejemplo de las plantas llamadas Secoya rojas, estas son árboles gigantes que crecen en el norte de California y pueden alcanzar hasta 150 metros de altura. El problema de las Secoyas es que son muy frágiles y cualquier viento o fuego las puede derribar. Estos árboles, son débiles por eso crecen en grupo, sus raíces se entrelazan y así se hacen fuertes. Nosotros solos no podemos luchar contra las tormentas agresivas de la vida y por ello debemos estar juntos siempre"[6]

Antes de toda acción evangelística y discipular se formarán grupos de planeamiento, diseño, oración, estrategias y ejecución. El trabajo organizado y en equipo no es probable que fracase. La organización es básica. Los gobiernos de países con una democracia seria planifican a largo plazo. Se aprueban los proyectos, se acuerdan los presupuestos, se calcula el tiempo que durará X proyecto y no importa que haya cambios de gobierno, eso se hará aún bajo dudas de presidentes y gabinetes futuros. Donde vivo se están construyendo puentes y *expressway* a largo plazo. Este trabajo va a costar muchos millones de dólares y tardará varios años su ejecución, pero estamos seguros que esa obra llegará a su fin, aun cuando haya cambios y la economía esté aún más débil. A esto le llamo seriedad gubernamental. Nuestro proyecto está planificado para una duración de doce semanas con resultados que se extenderán al futuro.

Arreglos e implementación del proyecto

Estamos realizando estudios y arreglos pertinentes que luego facilitarán la consecución del proyecto. Conocemos que la implementación del

---

[6] Ibid 4-12.

mismo será una tarea no fácil, pero sí alcanzable. Estamos evaluando todos los aspectos positivos y negativos a fin de que cuando el proyecto esté en marcha nada lo detenga.

Estimo que es correcto destacar para la implementación del proyecto que, como hemos anotado antes, hallaremos varias dificultades, entre otras:

1. El idioma. Siendo que vivimos en un país multicultural el problema de los idiomas pesa demasiado. ¿Qué haremos para resolver este dilema? Convertir nuestra iglesia en bicultural. Todos nuestros niños y jóvenes reciben sus clases y servicios en inglés y los cultos generales de cada domingo tienen traducción simultánea. Si estamos en Haití o en África, nuestros servicios son en sus respectivas lenguas. Esto abre puertas, no sólo para la comunicación sino también para la cohesión entre las culturas. Durante el desarrollo del proyecto acentuaremos estos aspectos de forma más destacada.

Asuntos relacionados con el liderazgo. En su libro, Iglesias Exitosas, Thom Kainer dice: "¿Cuál es el estatus del liderazgo en la iglesia de hoy? Analizamos 427 iglesias donde hemos consultado o hecho una investigación y determinamos su nivel de liderazgo según la progresión de Hechos 6 y 7. Los resultados nos sorprendieron.

Niveles de liderazgo

Menos del uno por ciento de los pastores principales que estudiamos han alcanzado este nivel de liderazgo. No obstante, creemos que este tipo de liderazgo se necesita para la salud, a largo plazo de las iglesias. De aproximadamente 400.000 iglesias en los Estados Unidos, ocho de cada diez están en decadencia o se han estancado. El liderazgo de Hechos 6 y 7 se necesita con urgencia. ¿Hay alguna esperanza para la iglesia norteamericana?[7] ... Hay esperanza. Mi pasión es comunicar a los

---

[7] Ibid 4-12

Liderazgo	Descripción	%
Hechos 1 El líder llamado	Conoce el llamado de Dios al ministerio y respondió a este llamado.	98%
Hechos 2 El líder que se prepara y contribuye	Toma tiempo para hacer bien las cosas del ministerio cristiano como la predicación, la enseñanza y la oración.	22%
Hechos 3 El líder con un enfoque externo	Busca llevar a la iglesia y a si mismo a un ministerio más allá de las paredes de la iglesia.	14%
Hechos 4 El líder apasionado	Destila un entusiasmo contagioso por el ministerio, los demás le siguen gustosamente.	6%
Hechos 5 El líder atrevido	Está dispuesto a correr riesgos donde el éxito solo es posible con el poder de Dios.	3%
Hechos 6/7 El líder del legado	Le preocupa un ministerio exitoso más allá de su propia vida	1%

líderes las características de las iglesias exitosas... No quiero insistir en este asunto porque ya lo he enfocado al principio de este capítulo, pero lo he vuelto a considerar debido a su gran importancia.

– Otra dificultad será el hacernos creíbles. La confianza se logra con la relación y el contacto, la lejanía nos aparta de las personas. El amor es un asunto de relaciones y cuanto más halla, mejores resultados obtendremos. La siguiente dificultad confrontada es poder comunicar esto a otros pastores e iglesias. En nuestro empeño respecto a ello, he recibido negativas pero también repuestas positivas. He recibido cartas, criterios y puntos de vista de pastores y líderes del Condado Broward. Vea las mismas al final de los apéndices.

– La cuarta dificultad que he hallado está relacionada con la ejecución de actividades discrepantes con los dones de cada creyente. Muchas veces las confusiones entre talentos y dones arrojan resultados controversiales. Los talentos no aseguran trabajos estables y duraderos, los dones, por el contrario, sí.

– La quinta dificultad radica en una pobre visión sobre cuál es exactamente el papel principal de una iglesia. Hubo un tiempo en Europa cuando el tema principal de las iglesias era sobre el cultivo del maní (cacahuete) y si las vacunas debían usarse en el ganado. En América Latina, años atrás, el tema central de muchos predicadores e iglesias era sobre la llamada Teología de la Liberación. Si la iglesia no está clara en su visión, los esfuerzos serán completamente inútiles.

Thom S. Rainer, ya citado anteriormente, dice: "Algunos pasos hacia el éxito son:

Liderazgo

a. Desarrolla valores bíblicos fundamentales.
b. Ora por un espíritu como el de Cristo en todos los aspectos.
c. Decide, en el poder de Dios, amar a las personas de la iglesia a cualquier precio.
d. Busca llevar a su iglesia a un enfoque externo, más allá de las paredes de la congregación.
e. Con la voluntad de Dios, hace el compromiso de quedarse en la iglesia a largo plazo.

El momento

a. Busca consejo fuera de la iglesia para ayudarle a ver esta según la perspectiva de una persona ajena.
b. Se sabe siempre un aprendiz por medio de diversos métodos de comunicación.
c. Ora por los que le critican y mantiene hacia ellos una actitud de amor.
d. Se prepara para la realidad de que la mayoría de las crisis serán el resultado de conflictos con otros cristianos.
e. Ora para que Dios le permita ver más allá de la crisis y ver su obra en los momentos difíciles.

La vía simultánea quién/qué

a. Resuelve rápidamente, pero con compasión, los problemas grandes con otros.

b. Desarrolla una cultura de grandes expectativas en la iglesia que atraerá a más personas adecuadas.

c. Trabaja en las necesidades estructurales principales de la iglesia al mismo tiempo que se ocupa de los asuntos relacionados con las personas.

La visión de la intersección

a. Discierne cuáles son sus pasiones para el ministerio como líder,

b. Descubre los dones y pasiones de los miembros de su congregación.

c. Descubre las necesidades de la comunidad.

d. Observa dónde se entrecruzan estos tres factores anteriores y enfoca muchos recursos en la intersección de esta visión.

La cultura de la excelencia

a. Intente hacer todas las cosas con excelencia en el poder de Dios.

b. Si la iglesia no puede hacer algo con excelencia, considere desecharlo o no continuar el esfuerzo.

c. Considere la innovación como un medio y no como un fin.

d. Evalúe cuidadosamente cada oportunidad innovadora, sea receptivo pero cauteloso con las innovaciones.

El gran ímpetu

Aprenda que cada éxito que Dios da, a menudo es el punto de partida para otra oportunidad para el éxito.[8]

– La sexta dificultad ha radicado en la cantidad de viajes internacionales y recursos monetarios empleados. Varios viajes

---

[8] Thom S. Reiner. Iglesias Simple. B&H Publishing. Nashville, TN. 2007, 48.

a diferentes partes del mundo donde tendremos trabajos con esfuerzo grandísimo y estresante. Hospedaje en lugares inadecuados para nosotros los occidentales, diferentes clases de comidas, otros idiomas y otras costumbres que tendremos que enfrentar. La inversión financiera que da este proyecto sobrepasará los 60.000 dólares. ¿Valdrá la pena? Ningún esfuerzo para enseñar la Palabra de Dios y llevar almas a sus pies es baldío. Las personas invierten tiempo en vacaciones, gastan miles de dólares en la adquisición de lujosos vehículos, en prácticas de arreglos estéticos, en vicios y finalmente, ¿qué? Nosotros trabajaremos para asegurar vidas para la eternidad. Ninguna inversión, esfuerzo o tiempo invertido es suficiente porque un alma no tiene valor material. La cruz lo ejemplifica. "Porque de tal manera amo Dios al mundo…".

La implementación de las sesiones de trabajo para este proyecto no serán fáciles debido a la distancia, pero sí posibles. A continuación, paso a relacionar los líderes que han pasado por la ejecución del proyecto: (1) A nivel local: Adrian Román (director de proyectos misioneros); Elsa Ratzkov (presidenta del Ministerio de Misiones); Raquel Escudero; Rosemary Becerra; Otto González; Luis Carralero; Omar Castro; Enrique García; María Castro; Jacqueline Becerra; Alicia Rodríguez y otros. (2) A nivel internacional: Ángel Oswood; Clint Bowman; Rudy Carrera, Misael; Nelson Guillen; Phito Francois; Francois; Marisel Ferrer; Gladys Ceballos; Abner Becerra; Mabel Moriyón, Rebecca Alpizar. Todos estos hermanos han sido canales por medio de los cuales hemos podido implementar el trabajo misionero y discipular, que es lo que plantea este futuro proyecto.

Encuesta a líderes

Se interrogó a 12 líderes a los que se les planteó una sola pregunta, y a la que debían responder teniendo en cuenta una escala del 1 al 5, siendo el 5 como el más destacado:

La pregunta fue la siguiente: "¿Cree usted que *las misiones y el discipulado* son los pilares de una iglesia creciente?".

Los resultados fueron los siguientes: 8 personas seleccionaron el 5 (el máximo) y 4 personas seleccionaron en la escala el número 4. Esta sencilla escala mostró que doce líderes fuertes de la iglesia opinan que las misiones y el discipulado son pilares de una iglesia en crecimiento. Si se observa, ninguno escogió un número irrelevante. Entre otras cosas, esto también nos sirve de pauta para la futura inmediata implementación del proyecto.

Conclusión

Si la iglesia ha podido proyectarse a nivel local e internacional con resultados óptimos ha sido por el esfuerzo de equipos que han sabido visualizar metas, proyecciones y retos, que han sido piezas del rompecabezas que el Espíritu Santo ha utilizado para perfeccionar la tarea que Dios ha puesto en nuestro camino. Queremos terminar este capítulo con unas palabras de Eddie Gibbs:

> *"Una realidad central de los tiempos modernos es la necesidad de recuperar la integridad y la efectividad de la fe... Ore con un grupo de personas que estén preocupadas en que la iglesia pueda ser revitalizada y que pueda ser reorientada para llegar a ser cada vez más una presencia transformadora en el mundo".*[9]

Talleres, estudios, oración y búsqueda de la dirección divina, han sido implantados en nuestra iglesia por varios meses a fin de que cuando pusiéramos en práctica el proyecto incluso otras iglesias fueran influenciadas por él. Creemos que todas las condiciones están listas para lanzarnos a la aventura de algo nuevo, pero al mismo tiempo viejo y sobre todo Escritural. Esta estrategia no solo satisface los requerimientos para obtener el Doctorado en Ministerio sino también para sentar pautas en la historia de nuestra iglesia.

[9] Eddie Gibbs. La Iglesia del Futuro. Peniel. 2005.

CAPÍTULO 5

Reporte de implementación y resultado

Introducción

El proceso de implementación del Proyecto ha durado muchísimo tiempo, más del sugerido en las orientaciones. ¿Razones? Nuestro proyecto sobre misiones y discipulado es una propuesta que ha pasado por un extenso análisis, consideraciones, implementaciones y medidas. Una visión es el preámbulo de un "qué hacer" que comienza así. El Dr. Daniel Sánchez, E.C. Smith y C. E. Watke en su libro "Cómo sembrar iglesias en el siglo XXI" subrayan: "Las personas que hicieron mayor impacto en el reino de Dios eran impulsadas por una visión".[1]

Así que, nuestro proyecto de sacudir la contexta de nuestra iglesia, por medio del trabajo misionero y el discipulado, comenzó como una visión práctica. Esto me recuerda las palabras del escritor italoargentino José Ingenieros en su obra clásica, "El Hombre Mediocre", donde dice:

"Cuando pones tu proa visionaria hacia una estrella y tiendes el ala hacia tal excelsitud inasible, afanoso de perfección y rebelde a la mediocridad, llevas en ti el resorte misterioso de un ideal".[2]

---

[1] Daniel Sánchez, E. C Smith, C.E. Walke, "Cómo sembrar iglesias en el Siglo XXI", C.B.P., El Paso, TX, 2001, 111.

[2] José Ingenieros. "El Hombre Mediocre". Argentina. 1925, 52.

Estoy convencido de que, más que una visión, un ideal, un sueño o una pretensión romántica, el Señor inyectó en nuestras arterias el criterio de que nada será básico en una iglesia sin *misiones y discipulado* (como si no fueran necesarias) sino más bien convicciones, panoramas y sobre todo el llamado a una obra especial. Hemos probado con métodos, oración e individuos y los resultados saltan a la vista.

Si el resultado de implementación no resultase grato al lector, o si pasados los años se revirtiese el asunto, es algo que la historia anotará. No quiero parecer intransigente, axiomático y mucho menos recalcitrante, sin embargo, estoy segurísimo de que Dios ha hecho algo muy especial con nuestra iglesia y quiero compartirlo con los demás. Para medir los resultados he hecho encuestas sólidas que arrojan resultados inequívocos. A continuación, personas envueltas en el proyecto que son quienes más me han ayudado a medir los resultados, los nombres de las personas aparecerán al final del capítulo y el resultado a continuación entre paréntesis.

Encuesta que anota lo que hicimos:

Del 1 al 5 señale el aspecto más sobresaliente del trabajo realizado siendo el 5 el número más destacado.

Primer encuestado

1. ¿Cree usted que las iglesias posmodernas han perdido perfiles escriturales sobresalientes? (5)
2. Si usted pudiera evaluar la efectividad del discipulado en nuestra iglesia, ¿Qué categoría le pondría? (5)
3. ¿Cree usted que haya una forma más adecuada para la vida dinámica de una iglesia que el énfasis sistemático de *discipulado y misiones*? (1)
4. ¿Piensa usted que las megaiglesias, si descuidan estas dos disciplinas, continuarán creciendo? (2)
5. ¿Estima usted que las organizaciones tradicionales de las iglesias son medios para el desarrollo de las mismas? (2)

REPORTE DE IMPLEMENTACIÓN Y RESULTADO

Segundo encuestado

1. ¿Los énfasis teológicos de esta era posmoderna son medios poderosos para la evangelización y el discipulado? (3)
2. ¿Cree usted que las escuelas teológicas promueven adecuadamente el desarrollo bíblico? (4)
3. ¿Las escuelas dominicales son agencias pertinentes para esta era posmoderna? (3)
4. ¿Estima usted que el equipamiento de líderes apropiados está presente en la vida de nuestra congregación? (5)
5. ¿Cree usted que la visión misionera de esta iglesia ha revolucionado nuestras estructuras? (5)

Tercer encuestado

1. ¿Cree usted que las asociaciones promueven adecuadamente el evangelismo y el discipulado? (2)
2. ¿Estima usted que el presupuesto de las convenciones estatales y la nacional (SBC), estimula la acción misionera y el discipulado? (4)
3. ¿Piensa usted que las predicaciones y enseñanzas de los predicadores de la TV, promueven adecuadamente la acción misionera y discipular? (2)
4. ¿Cree usted que las traducciones de la literatura del inglés al español ayudan a promover profundidades espirituales adecuadas? (3)
5. ¿Estima usted que el desarrollo intelectual universitario de los diferentes líderes les aleja de una visión discipular y educativa? (3)

Cuarto encuestado

1. ¿Considera usted que las herramientas usadas en esta iglesia le han ayudado a desarrollar un carácter discipular y misionero más efectivo? (5)
2. ¿Estima usted que las inversiones financieras usadas aquí para comunicar el evangelio han sido adecuadas? (5)
3. ¿Si usted tuviera que regresar a un país difícil para continuar haciendo trabajo misionero, lo haría? (4)

4.   ¿Percibe usted que esta iglesia ha cambiado después de considerar el discipulado sistemático y el trabajo misionero? (5)
5.   ¿Tiene problemas usted para relacionarse con personas que no pertenecen a su cultura? (4)

Quinto encuestado

1.   ¿Una vez que usted se ha involucrado en un proyecto evangelístico, sigue sintiendo que eso es parte de su vida existencial? (4)
2.   ¿Si usted tuviera que enfatizar ayudas sistemáticas para promover las siguientes etapas del proceso misionero, lo haría? (5)
3.   ¿Piensa usted que los énfasis en los mensajes y estudios disciplares de la iglesia local marchan en armonía con la problemática posmoderna? (5)
4.   ¿Cree usted que las facilidades físicas de nuestros edificios deberían ser acondicionadas y/o ampliadas para facilitar el trabajo? (5)
5.   ¿Si pudiéramos ayudar a comprender a los ministros e iglesias del área sobre nuestros planes, cree usted prudente proponerlo? (5)

Resultados matemáticos

Esta encuesta indica sin equívocos que:

Misiones y discipulado son las herramientas más eficaces de cualquier iglesia. Salvadas las situaciones e impedimentos que surjan en el proceso de implementación, el proyecto apunta hacia una dirección de éxito rotundo. La tarea de cambios, concientización y arreglos a todo nivel, acarrearán esfuerzos grandes, pero logros sin precedentes. Nos parece, a la luz de la encuesta, que el 98% nos pertenece si logramos la implementación total de la propuesta. Nosotros podemos dar testimonio de ello.

Herramientas

Eventos que ocurrieron durante los procesos de implementación del proyecto

Ningún trabajo meritorio está exento de situaciones desagradables, estas son parte del entrenamiento y la disciplina. En algunas ocasiones no sabíamos si las respuestas y reacciones del personal directamente involucrado estaban completamente listas. Los trabajos, las dificultades familiares, los enfermos de última hora, visas para viajar a otros países, fuera de EUA, falta de alguna coordinación, diferentes puntos de vista, disparidad de criterios, diferentes tipos de caracteres, temperamentos y personalidad, representan brechas, que muchas veces usa el enemigo para abortar nobles propósitos y eso debe ser considerado, analizado y resuelto antes del final definitivo.

El Dr. Daniel Sánchez en su obra ya citada, menciona las fases preparatorias para plantar una iglesia que se aplican perfectamente a todas las situaciones a resolver como parte del proceso que hemos seguido:

1. Fundamento para las motivaciones.
2. Fundamento bíblico.
3. Fundamento espiritual.
4. Fundamento evangelístico.
5. Fundamento para la estrategia.
6. Fundamento filosófico.
7. Fundamento del liderazgo.
8. Fundamento financiero.

Apoyo las observaciones citadas por prácticas y pertinentes. Indudablemente que plantar una iglesia con perspectiva de permanencia, requiere crear primero condiciones bíblico-lógicas. La muerte de muchas obras nuevas tienen como causa el descuido de estos requerimientos. La metodología para ello deberá ser rigurosamente observada antes del inicio de la nueva obra en cuestión para conseguir un futuro permanente.

Sánchez termina su obra diciendo que si alguna vez el mundo necesita nuevas iglesias, ¡esta es la hora! Ha llegado el momento de levantarse y sembrar iglesias a lo largo y ancho de nuestro continente. Nadie puede cuestionar los resultados de los designios de Dios. Nadie puede cuestionar su eficacia en alcanzar todos los estratos de la sociedad. No hay diferencias, encontrará usted iglesias en los barrios más humildes y en las comunidades más afluentes.[3]

Todo esto conlleva riesgos: incomprensiones, fatigas, enfermedades, privaciones, molestias y hasta peligros. En este pasado febrero, 2013, adquirí una bacteria en la frontera de la República Dominicana con Haití. Esto me costó una semana hospitalizado y 38,980 dólares a mi compañía de seguro médico. Ninguna empresa noble es de bajo coste, a Jesús le costó la cruz y a Juana de Arco la pira. No deseamos ponernos a tal altura, pero algún costo tendremos que afrontar y a través de este proyecto hemos enfrentado muchísimos. Mi pregunta es, ¿acaso no vale la pena cualquier sacrificio por un alma arrancada del infierno? Los que hemos decidido subir al tren de la posmodernidad tendremos que afrontar las consecuencias de esta hora que según Antonio Cruz en su libro Postmodernidad, la aclara diciendo lo siguiente:

"Fe en la libertad, en la ciencia, en el progreso, en la historia, en el ser humano y fe en Dios. La cultura postmoderna: muerte de los ideales, auge del sentimiento, crisis de la ética, crecimiento del narcisismo, el gusto por lo transexual, fracaso del desarrollo personal, las facturas de la moda y la pérdida de la fe en la historia y -subraya Cruz- las nuevas formas de religiosidad de hoy:

1. Retorno a lo esotérico.

2. Rebrotes de lo satánico.

3. Encuentro con lo asiático.

4. Deducción de lo extraterrestre.

5. Religiones profanas".[4]

Según el análisis de Cruz, esta es la problemática que hemos enfrentado al tratar de implementar las máximas bíblicas que han inspirado este proyecto mayor. Decir que han sido satisfechas en su totalidad, sería una quimera, así que dejamos a nuestros testigos auscultar la historia y que sea ella quien juzgue nuestro proyecto. Deseo terminar esta parte

---

[3] Daniel Sánchez, E. C Smith, C.E. Walke, "Cómo Sembrar Iglesias en el Siglo XXI", C.B.P., El Paso, TX, 2001, 5 y 329.

[4] Antonio Cruz. Postmodernidad. Flet. Clie. 1996, 5. Revisada 2003.

del capítulo con las palabras finales de Cruz, citando las palabras de *J. M. Mardones*:

"Este señala seis áreas o ámbitos que habrían podido influir en la actual exaltación del cuerpo:

1) El desarrollo de las teorías feministas, dando énfasis a la diferenciación sexual de los cuerpos.
2) La comercialización consumista haciendo del cuerpo uno de sus objetivos.
3) La medicina moderna, racionalizando la enfermedad y la supervivencia.
4) La secularización despegando el cuerpo del control religioso.
5) El debate ecológico y la defensa del medio ambiente exaltando el cuerpo como parte del mundo natural.
6) La preocupación psicológico-espiritual por un ajuste entre cuerpo y espíritu mediante técnicas de relajación, yoga, respiración, etc".[5]

Este vasto pluralismo de ideas, religiones y filosofías son nuestro reto y nuestra forma de demostrar la veracidad del evangelio.

Después del túnel

Cuando uno se hace el propósito de implementar un plan, más que sobrepasar los límites de las posibilidades, siente que ha entrado en un túnel oscuro y que nunca va a salir. Cuando vivía en la ciudad de New York, por algún defecto técnico, cientos de autos quedamos encerrados en el Lincoln Túnel por dos horas. Ese fue un tiempo muy dramático. Finalmente se hizo la luz y fue la luz. Hoy es sólo un recuerdo. Al comenzar la implantación de nuestras máximas o propuestas, nos pareció que volvíamos a entrar al Lincoln Túnel. Ni siquiera sabíamos cómo medir los resultados, pero nos dimos cuenta de que lo primero que teníamos que hacer era correr a través de lo incierto. Nos dimos a

---

[5] J. M. Mardones. Las nuevas formas de la religión, Verbo Divino, 1994, 99.

la tarea de enseñar que lo que nos proponíamos era harto difícil y que tendríamos que depender mucho del Señor para triunfar. Recuerdo que cuando Elías se sintió deprimido (cualquiera puede estarlo); un ángel le tocó, y le dijo: Levántate, come" 1 Reyes 19:5. El desafío más grande para recibir bendiciones del Señor consiste en mantenernos firmes. A menudo el último paso es el salto del triunfo y esto hemos enseñado al hacer énfasis en el plan excelso del *discipulado* y las *misiones*. No queremos falsear la verdad ni dibujarla de colores vivos que luego parezcan verdades a medias. Lo caro y noble siempre cuesta. Lo axiomático del asunto es que después de la oscuridad del túnel viene la luz.

La punta del iceberg

Entre las múltiples facetas que hemos analizado para romper el esquema histórico de nuestra iglesia y regresar a los énfasis básicos de Jesús y la iglesia en general, sobresalen las ideas de los "pensadores" de los últimos años y la secuela que esto ha originado. En los años recientes, multitudes que mencionan el nombre de Cristo han adoptado una percepción ampliamente distorsionada de lo que verdaderamente significa ser un cristiano. Quizás aún más alarmante, millones más han sido alentados para dejar de considerar seriamente las demandas de Cristo, porque perciben el cristianismo como un fraude y a los líderes cristianos como artistas del fraude.

Esta es una seria imputación, lo sé. Yo entiendo que debe ser muy duro para muchos aceptarlo. Así que para probarle que no soy un alarmista, permítame ofrecerle una muestra de lo que usted va a encontrar en esta obra. Las siguientes citas provienen directamente de los labios o plumas de un puñado de hombres y mujeres que se consideran a sí mismos como los profetas de hoy. Son estos autoproclamados profetas quienes están conduciendo la iglesia al reino de los cultos. Pero no lo acepte por lo que yo le diga, lea su Biblia y llegue a conclusiones.

Observe estas citas:

"Satanás conquista a Jesús en la cruz." Kenneth Copeland
    "Usted no está mirando a Morris Cerullo — usted está mirando a Dios. Usted está mirando a Jesús." Morris Cerullo

"Nunca, nunca, nunca vaya al Señor a decirle: 'Si es tu voluntad...' no permita que estas palabras destructoras de la fe salgan de su boca." Benny Hinn
"Dios tiene que recibir permiso para trabajar en este dominio terrenal a favor del hombre... ¡Sí, usted es quien tiene el control!, así que si el hombre tiene el control, ¿Quién no lo tiene ya? ¡Dios!." Frederick K.C. Price
"El hombre fue creado en términos de igualdad a Dios, y puede levantarse ante la presencia de Dios sin sentido alguno de inferioridad." Kenneth E. Hagin[6]

La predicación contemporánea está plagada de filosofía, motivación, emociones pero con poca teología. No subestimo estas cosas, pero el papel básico de la Biblia como centro de la misma, nunca debería ser descuidado. Muchísimas veces la predicación prescinde de la Palabra de Dios para ser más agradable a oídos del hombre posmoderno.

"Este cáncer ha sido provocado, según el mismo autor, por una insistente dieta de un 'cristianismo de comidas rápidas' un cristianismo de agradable apariencia, pero corto en sustancia. Los proveedores de esta dieta carcinógena han utilizado el poder de las ondas etéreas, tanto como una plétora de libros y casetes atractivamente presentados para inducir a sus víctimas a comer. Los incautos han sido llamados, no para amar al Señor... para prevenir esta crisis, nosotros tenemos que cambiar nuestra concepción de Dios como un medio y entenderlo como el fin. Tenemos que saltar de una teología basada en perspectivas temporales a una basada en perspectivas eternas". [7]

Ninguna iglesia podrá florecer si antes no pone en su "molino de piedra", todas las ideas de los "maestros" de hoy y después de hacer las selecciones debidas, decidir reencontrarse con las genuinas enseñanzas del Nuevo Testamento. Es lamentable, pero hasta personas con trayectoria cristiana han seguido lo establecido en Santiago 1:5-6: "Y si alguno de vosotros tiene falta de sabiduría, pídala a Dios, el cual da a todos abundantemente y sin reproche, y le será dada. Pero pida con fe, no dudando nada; porque el que duda es semejante a la onda del mar, que es arrastrada por el viento y echada de una parte a otra".

[6] Hank Hanegraaff. Cristianismo en Crisis. Grupo Nelson. 2010, 11-12.
[7] Ibid 11-12.

En nuestros talleres de preparación hemos instruido sobre: El mercado de religiones, cultos extraños, verdades bíblicas fundamentales, teología ortodoxa, ética cristiana, eclesiología, adoración, e informaciones bíblicas básicas fundamentales. Observe lo que realmente es discipulado y misiones, según lo hemos enseñado. En este vasto mundo de ideas contradictorias, nosotros insistimos en recuperar los valores que nos han sido robados.

El éxito está en relación proporcional con un entrenamiento adecuado. Dicho sea de paso, esa última expresión está gastada y pocos son ya a quienes les llama la atención la palabra discipulado, yo la sustituiría por: "viviendo como enseñó Jesús". Por mucha información, estadísticas, métodos de medición y adoctrinamiento que alcancemos, sino tenemos una vida piadosa, nada podremos conseguir. La profundización y desarrollo de la vida cristiana, que en teología llamamos santificación, precede a cualquier trabajo exitoso. Nadie podrá ser un líder capaz sino mantiene una íntima y personal relación con Jesús. Cada paso en el trabajo de un líder deberá siempre estar ligado a una amistad sincera y profunda con el autor de la obra que pretende realizar.

Charles Stanley dice:

"Existe una contradicción entre triunfar y llevar una vida piadosa. Según parece, muchos creen que sí. Aquellos que promocionan el éxito hablan de hacer planes. Sin embargo, la Biblia dice: 'No os afanéis por el día de mañana, porque el día de mañana traerá su afán. Basta a cada día su propio mal'. (Mateo 6:34).

Los que abogan por el éxito hablan de ejercitar el autocontrol y de encargarse de su propio destino. La Biblia enseña acerca del espíritu de dominio propio, que es conducido por el Espíritu de Dios en todas las cosas. Jesús enseñó: "Cuando venga el Espíritu de verdad, Él os guiará a toda la verdad." (Juan 16:13).

Los que predican el éxito hablan de tener confianza en sí mismos, pero la Biblia enseña claramente que no tengamos confianza en la carne. (Filipenses 3:3)".[8]

Pregunté al principio de este capítulo: ¿Pueden realmente ir de la mano el éxito y una vida piadosa? ¡Sin lugar a duda! La clave yace

[8] Charles Stanley. El Éxito a la manera de Dios. Thomas Nelson. 2000, 3-5, 13-14.

en nuestra definición de éxito y en nuestra profunda comprensión de cuánto desea Dios que triunfemos. Si en realidad queremos triunfar, a la manera de Dios, debemos comenzar con una definición del éxito basada en la Biblia y, Stanley sobre ello agrega:

"El mundo tiende a evaluar el éxito en términos de fama y fortuna. Dios evalúa el éxito en términos de relación y obediencia. Lo primero, y más importante, que Dios desea es que triunfemos en nuestra relación con Él, después en nuestra relación con los demás y luego, en nuestras vocaciones y ministerios Esto significa que las personas que se enfocan en Dios son muy diferentes de aquellas que se centran en sí mismas". [9]

He redescubierto que nadie será exitoso solamente implantando nuevas estrategias, pero sí, poseyendo una vida piadosa. El arado que más se hunde en su surco es el que tiene sus extremos mejor afilados. ¿Cree usted que Dios se opone a que usted y su iglesia sean exitosas? ¡NO! Entonces estructure su iglesia y oriéntela, de tal forma que misiones y discipulado sean lo primero.

Citando nuevamente a C. Stanley éste agrega:

"Muchos de nosotros nos vamos a sorprender cuando lleguemos al cielo y veamos a quienes Dios llama triunfadores y a quienes llama 'fracasados'. Las madres que criaron a sus hijos de manera piadosa oirán de Dios: 'Tuviste éxito. Eres una buena sierva y fiel. Grande es tu recompensa'". [10]

Realmente el éxito pudiera ser medible, pues mayordomía de la vida, familia, relaciones, caracteres, habilidades, dones, uso del tiempo, forma en que pienso, hablo y siento, son reglas que pueden calibrar muy bien tus hábitos de vida exitosa. Un discípulo y un misionero, que es casi lo mismo, pueden ser personas exitosísimas. En nuestros talleres de enseñanzas hemos hecho énfasis sistemáticos en todos estos aspectos a fin de obtener los objetivos que perseguimos sin dudas ni vacilaciones.

---

[9] Ibid.

[10] Charles Stanley. El Éxito a la manera de Dios. Thomas Nelson. 2000, 3-5, 13-14.

La música y el discípulo

No es mi tema ni pretendo siquiera aflorarlo, pero sí hacer énfasis en que el aspecto musical de una iglesia deja saber qué cree y hacia dónde se proyecta. Esto lo hicimos notar también en nuestros grupos. Hay algo básico en nuestros días que bien podríamos llamar, música que excita los sentidos, y esto no es necesariamente lo que arranca lágrimas invisibles. Ciertísimamente esta nueva institución histórica llamada posmodernismo ha introducido elementos musicales nuevos y valiosísimos, un aplauso para ello, pero, también ha introducido elementos tan humanos y superficiales que pudieran confundir lo que es alabanza y adoración por medio de la música y lo que es vítores a las pasiones humanas. Si queremos formar adecuadamente a los creyentes y crear en ellos conceptos que "no se lleve el viento", necesariamente tendremos que abrir una brecha entre lo que es sabio, prudente, autóctono y edificante y lo que es "satisfacción de los sentidos".

Marcos Witt en su obra, "Adoremos", dice:

> *" necesitamos aprender a permitir que nuestro espíritu dirija la alabanza y la adoración al Señor y no nuestra carne, porque nuestra carne nunca tendrá 'ganas' de alabar y adorar, pero el espíritu siempre estará dispuesto a hacerlo."*

Witt agrega:

> *"El problema principal aquí es permitir que nuestras emociones (el alma) gobiernen en la alabanza y adoración. Para esto es importante repasar el primer punto. Cuando usted es un adorador 'espiritual', no permite que sus emociones echen a perder su experiencia con el Señor, sino que sabrá encauzarlas bien, no dejando que lo lleven al borde de la histeria en su tiempo de adoración.*
>
> *Es muy cierto que las emociones fueron dadas por Dios para un propósito muy especial y es verdad que todos las disfrutamos de una u otra manera, pero Dios no nos ha dado las emociones para permitir que gobiernen y controlen nuestra vida, sino para traerle riqueza a la misma.*
>
> *Todos hemos visto a algunas personas que permiten que sus emociones las controlen. La mayoría de estas personas terminan en hospitales psiquiátricos*

porque nunca aprendieron a utilizar sus emociones de una manera más correcta. Todos hemos estado en alguna reunión, en la cual de repente la hermana 'fulana' empieza a sentir una emoción tan fuerte que nos afecta a todos, porque la expresa abiertamente y a todo volumen. Recuerdo que de niño visitábamos la iglesia que pastoreaba mi abuelo materno en el estado Georgia, en los E.U.A. En su congregación se encontraba una hermana que siempre, en algún momento climático de la alabanza, se ponía en pie, comenzaba a dar vueltas gritando locamente en alta voz, y nos dejaba temblorosos a todos los niños y adolescentes menores de 15 años de edad.

Aproveche esos tiempos y fluya con el resto del Cuerpo para que todos sean edificados y bendecidos juntos, en lugar de que una persona 'entre en bendición', y lejos de tener una expresión corporal, todo el Cuerpo queda viendo el espectáculo que está desarrollando nuestra hermana o nuestro hermano emocional que no ha aprendido que el espíritu del profeta está sujeto al profeta (1 Corintios 14:32), y que tenemos un espíritu de dominio propio dado por Dios (2 Timoteo 1:7)".

Witt sigue diciendo:

"Cuando es tiempo de gritar, ¡a gritar se ha dicho! Cuando es tiempo de aplaudir, ¡todos aplaudamos! Cuando es tiempo de guardar silencio, ¡guardemos silencio! En fin, fluyamos como un solo hombre, como un solo Cuerpo que somos en Cristo Jesús. Controlemos de manera nuestras emociones para la alabanza corporal a fin de que ella sea una experiencia preciosa para nosotros, pero también para las personas que se encuentran a nuestro alrededor". [11]

En estos rápidos esbozos sobre la adoración por medio del canto, mi propuesta incluye la adoración a través de su máxima expresión, la música, pero practicada de forma adecuada y pertinente, y que ello incluye parte del discipulado y las misiones. Es esencial para un programa bien balanceado en la iglesia, la buena y bien seleccionada música. Permítame terminar este importante punto con palabras de Rick Warren:

---

[11] Marcos Witt. Adoremos, Editorial Caribe. 1993, 230-233.

"Hay un término en la Biblia para expresar el amor a Dios. Este término es 'Adoración'. Pensamos que la adoración es un ritual o una rutina o algo que se hace en la iglesia. No. Adoración simplemente significa expresar amor a Dios. Cada vez que estás expresando amor a Dios, estás adorando; ya sea que estés solo, en un grupo pequeño o con más gente. Cuando expresas amor a Dios de cualquier manera, estás adorando.

Probablemente has notado que la música y el amor van juntos, ya que la música viene del corazón. La música no es un ejercicio intelectual. Viene de tu alma, de tus emociones. El mundo está lleno de maravillosas canciones de amor. Pero ¿sabías que el tema sobre el que más canciones se han escrito es sobre Jesús? El segundo lugar ni siquiera se acerca. En los últimos 2000 años ha habido más canciones de amor y canciones en general escritas a Jesús que a cualquier otro individuo. El cristianismo es una fe que canta. ¿Por qué? Porque no es una religión, es un romance. ¿En cuántas canciones no religiosas puedes pensar? A mí no se me ocurre ninguna. Porque casi siempre la música habla del amor. El cristianismo es tener una relación con Dios. Se trata del hecho de que Dios te ama tanto que envió a Su Hijo a morir por ti y Dios quiere que le ames también. Tú necesitas para tu cabeza y música y también para tu corazón. Necesitas adorar a Dios.

La música inspira, refresca, rejuvenece y revitaliza. La música y la adoración que alaba a Dios, tiene un poder sanador. Si estás deprimido, necesitas cantar una canción. Me he dado cuenta de lo siguiente, que cuando menos deseos siento de cantar, es cuando más lo necesito. Cuando siento que no quiero participar en la adoración, que no quiero involucrarme, quiero pararme quieto y ser un espectador, significa que mi corazón está frío y necesita ser calentado. Necesito involucrarme y dejar que mi espíritu se eleve en adoración".[12]

En nuestro proyecto, la consideración, estudios y análisis de la música ha sido parte muy seria. Ello ha formado parte trascendente en los cambios en la iglesia. Tal vez alguien se pregunte, ¿tiene íntima relación la música con un programa bien balanceado de música de adoración? Indudablemente que sí y ello lo hemos enfatizado sistemáticamente. Las emociones son como la espumas del mar, frágiles y poco duraderas. Son necesarias, pero deben tener un componente altamente doctrinal a fin de conseguir resultados permanentes. Una observación más sobre la música

[12] Rick Warren. 40 Días de Amor. Saddleback, 2002, 12.

sería, tener en cuenta y respetar lo autóctono o vernáculo. Nadie tiene el derecho de imponer melodías, ritmos y expresiones musicales que no dicen nada en lo absoluto a quienes queremos ganar o discipular. Hay muchísima riqueza histórica y teológica en nuestros viejos himnarios y ello merece nuestra consideración, pero nuestra alabanza de hoy deberá ser consecuente con la era y lugar donde radicamos. A esto también se le puede llamar discipulado genuino.

La Palabra como herramienta

Para no ser repetitivo, remito al lector al capítulo 2 donde aparece la base bíblica del proyecto; no obstante, quiero subrayar que la implantación de los conceptos bíblicos básicos han formado parte vital de este trabajo. En su obra, "¿Cómo nos cambia la Biblia?" Rick Warren subraya que,

> *"La primera manera en que cambia la Palabra de Dios es renovando la vida... erradicando tu culpa... activando tú fe... estimulando tu crecimiento... iluminando tu mente... elevando tu estado de ánimo... liberando tu potencial. Discipulado y Misiones, necesariamente tienen que brotar como resultado de una indispensable reflexión bíblica, de lo contrario serían falacias humanas. 'La Palabra de Dios es viva y poderosa'".*[13]

El plan divino es que su Palabra figure como centro de toda actividad válida y permanente del cuerpo de Cristo, la iglesia. Ella ha constituido el fundamento de esta tesis que tiene carácter de axioma. Las demás herramientas han sido expresadas y medidas en los capítulos anteriores.

Encuesta

Para penetrar en el criterio de otros sobre las diferentes formas o sistemas para ser usados en las iglesias, he procedido a encuestar a varias

[13] Rick Warren. 40 Días de Amor. Saddleback, 2002, 13-14.

personas expertas. Como es de suponer no siempre los criterios de varias personas estarán necesariamente en armonía, pero sí nos darán un margen donde podremos observar puntos fuertes y puntos débiles. La encuesta también mide de forma objetiva lo que más consideran otros como sistemas válidos a la hora de poner en práctica un trabajo que redunde en beneficio de la obra de Dios.

¿Cómo crece la iglesia? Factores que más influyen en el crecimiento eclesial.

I. Parte A continuación encontrará una lista de dieciséis conceptos relacionados con el crecimiento de iglesias. Favor de seleccionar siete de esos conceptos que usted considere de mayor significación para el crecimiento de iglesias.

II. Parte En la segunda parte de la encuesta ponga en orden de importancia, según su apreciación, los siete conceptos seleccionados, comenzando con el primero como el más importante.

I Parte

Conceptos

1. Liderazgo visionario, capaz y servicial.
2. Ejercicio de dones espirituales.
3. Ministerio a las personas en cualquier tipo de necesidad.
4. Espiritualidad contagiosa.
5. Orden bíblico en las prioridades.
6. Estructuras funcionales.
7. Culto inspirador en todas sus partes.
8. Células integradas.
9. Fuertes relaciones afectivas.
10. Mensaje bibliocéntrico.
11. Evangelismo agresivo.
12. Misiones eficientes.
13. Ministerios de niños y jóvenes.
14. Educación graduada y sistematizada: Discipulado.

15. Laicos involucrados en el ministerio total de la iglesia.
16. Multiculturalismo y multietnicismo (Reconocimiento consecuente de diversidad étnico-cultural).

II Parte

Factor 1: Educación graduada y sistematizada: Discipulado.
Factor 2: Misiones eficientes.
Factor 3: Evangelismo agresivo.
Factor 4: Espiritualidad contagiosa.
Factor 5: Orden bíblico en las prioridades.
Factor 6: Ejercicio de dones espirituales.
Factor 7: Ministerios de niños y jóvenes.

Evaluación y resultado final

Líderes locales y pastores que han sido encuestados en todos los capítulos anteriores y desde luego, en el presente, los resultados están a la vista: Si queremos tener una iglesia exitosa, observe lo vital de las misiones y del discipulado. Todo ello planeado, estructurado, con visión, retos y metas medibles, asegura el triunfo. No se trata de subsistir como iglesia, el asunto radica en crear un cuerpo sólido, instruido, educado y disciplinado. Deseo añadir que personas encuestadas no tenían idea de lo que le hablábamos, otros no mostraron un interés vivo, algunos tenían otros conceptos de crecimiento y la mayoría se adhirió a nuestros planteamientos.

Experiencias previas que inspiraron la existencia y el éxito de este proyecto

En uno de nuestros viajes a Nigeria descubrimos que los Hausas, etnia con la que nos comprometimos, nunca tuvieron agua potable. En improvisadas vasijas de barro cargaban agua de un arroyuelo putrefacto y distante. Nos hicimos el propósito de construirles un pozo y pese a la oposición de los misioneros radicados allá, construimos el pozo que hoy brinda aguas limpias a los cristianos y también a los musulmanes. Esto no es teoría ni son quimeras, son realidades que gracias al esfuerzo de grupos pudimos realizar. Algo práctico para un ministerio permanente es lo que proponemos para mover los molinos de las iglesias y no confundirlos como en la obra del Quijote con sus molinos como gigantes.

Experiencias en Cuba como partes del proyecto

Las experiencias son una cantera tan importante como toda la literatura a la que podamos echar mano. Las experiencias constituyen muchas veces la mejor escuela de la vida. Son las experiencias las que nos ayudan a no repetir errores que de alguna forma marcaron nuestras vidas. Nos valdremos de las experiencias para enseñar, perpetuar y dejar huellas a través de este trabajo.

Recientemente viajamos en número de seis hermanos del ministerio misionero de nuestra iglesia, tres hombres y tres mujeres, a la Isla de Cuba con el propósito de auspiciar un trabajo permanente en un puerto de mar al sureste de la provincia de Pinar de Rio, llamado La Coloma. Es un pueblo pobre y relativamente pequeño de unos tres mil habitantes y con condiciones sumamente pobre. Viajamos vía Habana y después de instalarnos y visitar las oficinas centrales de la Convención y algunos centros de interés histórico, al día siguiente arribamos a la ciudad de Pinar del Rio. Este es un lugar conocido y querido por mí, siendo que fui pastor en esa iglesia por siete años. Cuando, por indicaciones divinas y lejos de mi voluntad dejé ese pastorado para ocupar otro en El Cotorro, La Habana, nunca supuse que el Señor hubiera planeado mi regreso activo a esas tierras queridas. A continuación, una pregunta de rigor, ¿forma parte del proyecto, de mis retos y metas esta nueva estrategia de trabajo? ¡Pues claro que sí! Como quiera que el trabajo realizado en Cuba plasme resultados concretos los narraremos en el siguiente capítulo. Como consecuencia, muchas de las cosas aprendidas en esta experiencia van a ser implementadas en el proyecto.

¿Qué hallamos y qué hicimos en La Coloma? (dentro del experimento)

Encontramos un pequeño grupo de creyentes ansiosos de ser ministrados y ayudados; un joven llamado William, estudiante del Seminario en Pinar del Rio, y otro fuerte colaborador llamado Misael, atienden el rudimentario trabajo en esas regiones. No llegamos para iniciar el trabajo, fuimos para darle soporte y para encargarnos de ellos en lo adelante. Es increíble, pero la situación para el trabajo misionero en Cuba ha cambiado dramáticamente. ¿En qué sentido? Llevamos Biblias, Nuevos Testamentos y los repartimos. A quienes tenían problemas para leer les facilitamos lentes con relativa graduación. Recorrimos el pueblo, casa por casa, llevando el mensaje del evangelio y nunca hallamos hostilidad alguna.

Cuando fui pastor, primero en San Luis y luego en la ciudad de Pinar del Rio, diez años en total, la situación era completamente diferente y hasta recuerdo que en compañía de Humberto Cruz quien nos visitaba, fuimos tomados prisioneros y llevados al cuartel de la policía donde estuvimos muchas horas, ¡y todo por estar orando en la casa de una familia de la iglesia en San Luis! Luego de este tiempo difícil y aclarada la situación, fuimos puestos en libertad y llegamos a tiempo para realizar el culto esa noche.

Tengo la satisfacción de que nadie de los que visité con mi grupo rechazó el evangelio. Visité hermanos conocidos desde hace más de cuarenta años. Tuvimos cada noche servicios en una improvisada vivienda prestada por un hermano y allí predicamos, recogiendo el fruto de muchos rindiendo sus corazones al Señor. Nadie se metió con nosotros, nadie nos llamó la atención, a veces hasta se me olvidaba que estaba haciendo trabajo evangelístico en Cuba. Al partir dejamos lágrimas y una buena cosecha. Este no fue un trabajo esporádico, puesto que regresamos por lo menos dos veces al año. Estamos comprometidos con ellos y con nuestra iglesia que ahora es una agencia activa de la obra misionera. Al dejar atrás La Coloma habíamos provisto para todo un año del misionero, que como dije, trabaja allí; dejamos dinero para construir los bancos del lugar donde se reúnen, dejamos ofrendas, medicinas y artículos básicos personales.

En la ciudad de Pinar del Río (dentro del proyecto)

Tuve la bendición de predicar varias veces en la iglesia donde hacía tanto tiempo que había sido pastor. Esta es una de las iglesias más sólidas y estables de la Convención Bautista de Cuba Occidental. Iglesia que fue fundada hace 112 años y solamente ha tenido seis pastores. Su pastor actual, Bárbaro Marrero, es un joven entregado, dinámico y con altas calificaciones académicas. Su cooperación con nosotros fue algo destacadísimo y meritorio. Siempre estuvo a nuestro lado, solidario y cooperador, así como su querida esposa y cada uno de los líderes de la iglesia. Este es un sitio que también ha sabido interpretar bien lo que significa un pujante discipulado y trabajo misionero.

Parte dinámica-práctica del proyecto

Un encuentro harto relevante

Fui pastor, primero en San Luis y luego en la ciudad de Pinar del Río, diez años en total. Entonces la situación en aquellos tiempos era muy difícil. La hostilidad del gobierno socialista para con las iglesias era terrible; yo representaba a mi Convención ante el Estado y a su vez el Estado tenía un representante frente a las iglesias. Para ese tiempo yo solo tenía unos 28 años y confieso que cada vez que era citado (con mucha frecuencia) para alguna queja del gobierno yo temblaba porque para entonces sobre 60 pastores nuestros cumplían años de presión en las cárceles cubanas. Jiménez era la persona que me hacia la vida imposible. Tras varios años de luchas y encuentros con él, fui llamado a pastorear en El Cotorro, La Habana, y dejé a Pinar del Río con dolor, a pesar de Jiménez. Su hija pequeña y mi hijo Abner asistían a la misma escuela y para colmo de males, al recoger cada día a nuestros hijos, teníamos que vernos en el portal de la escuela. Yo sabía que mi único delito era predicar el evangelio y cuidar de las iglesias. Esa era mi única misión, los problemas políticos no estaban en mi agenda. Por demás es decirlo, pero es bueno y saludable agregarlo, siempre traté de evitar los conflictos de ambas partes.

Los años han pasado y he vuelto a Pinar del Río varias veces, siempre invitado por la iglesia que pastoreé. Siempre que he ido he preguntado por el famoso Jiménez y nunca nadie me dio razón cierta de él. En este viaje tuve, por providencia divina, contacto con un sobrino de Jiménez convertido al cristianismo y a través de ese joven supe de él. El pastor Marrero y yo nos presentamos en su propia casa. Hoy es un hombre retirado de 72 años. Al llegar nos presentamos y luego de darle algunas referencias de mi persona y funciones en aquel entonces, me identificó y para sorpresa mía me extendió la mano y luego un abrazo; yo, ni corto ni perezoso, le recordé que en sus tiempos me había hecho sufrir mucho. La respuesta suya fue: "Eran otros tiempos". Compartimos y me manifestó su asombro de que yo hubiera tenido la delicadeza y la atención de buscarlo e irle a saludar. "Otros, me dijo, que han estado cerca de mí nunca han hecho esto que usted hoy está haciendo". Al terminar la plática le dije: "Y como pastor que soy estoy en el deber de decirle que Dios le ama mucho". Otra vez, bajó la cabeza y nos despedimos. Considero que este fue uno de los mejores trabajos que he hecho en mi vida y que reitero, forman parte de mi tesis al Doctorado en Ministerio.

En Pinar del Río di clases en el Seminario, hicimos contactos y varias visitas, nos gozamos viendo el ferviente movimiento de aquella iglesia y tuvimos la satisfacción de corroborar que ninguna obra que hagamos para el Señor es en vano. Los tiempos y las circunstancias cambian, pero la gracia del Señor siempre es la misma y el poder igual.

Haber creado los equipos para impulsar las misiones no ha sido fácil, de hecho, el 25% del presupuesto de nuestra iglesia está dedicado a este fin. Hemos tenido inconvenientes, pero nada nos ha detenido. Cambiar la estructura de nuestros programas disciplinares no ha sido nada fácil tampoco. Hemos invertido muchos recursos monetarios, dedicado mucho tiempo, entrenado líderes, hecho conciencia de causa, pero los resultados saltan a la vista. Tenemos una iglesia diferente y en armonía con los tiempos posmodernos que nos ha tocado vivir. Si queremos sobrevivir a esta nueva era casi sin religión, tendremos que romper moldes y transformar estructuras; yo propongo un nuevo formato eclesiástico basado en la Palabra, pero en armonía con estos nuevos tiempos, que no son amenazas sino retos.

Conclusión

El currículum establecido fue para ser implementado cada semana y durante el período de prueba y praxis, además, fue desarrollado usando todo lo programado y expresado en este capítulo y los anteriores. Las áreas cubrieron todo el espectro de lo planeado, anexos, añadiduras e iniciativas propias de los líderes de cada grupo. El análisis final de la ejecución del proyecto resultó innovador y demostró su practicidad. Finalizando el proyecto descubrimos los siguientes aspectos:

1. Hubo enriquecimiento en informaciones.
2. Hubo avances bíblicos notables.
3. Se creó una red de amistades nuevas.
4. Se ampliaron los conceptos de compromisos.
5. Se descubrieron otras necesidades.
6. Hubo integración étnica.
7. Se exploraron terrenos nuevos en: Bibliografía / Teología / Educación Cristiana / Misionología / Evangelismo / Adoración / Discipulado Práctico.

Conste que no estamos subrayando resultados finales sino más bien, efectos conseguidos. Es inevitable, al realizar el perfil de implementación del proyecto, no tocar aspectos que enriquecieron su implementación incluso, los instrumentos mesurables de circunspección resultaron hechos significativamente plausibles y otras veces hechos para reevaluar algunas prácticas.

Nota: Personas que participaron de las encuestas y entrevistas

1-Jaqueline Sesentón, 2- Rosemary Nieto, 3- José E. Concepción, 4- Rebecca Alpizar, 5- Gladys Ceballos, 6- Leslie Vidaurre, 7- Otto González, 8- Marisel Ferrer. 9- Mabel Moriyón, 10- Mabel Medina, 11- Milton Sesentón, 12- Abner Becerra, 13- Julio Fuentes, 14- María C. González, 15- Juan Pérez, 16- Rafael María, 17- Jairo Alonso, 18- Elsa Ratzkov, 19- Raquel Escudero, 20- Kevin Lara, 21- Guillermo Mora.

CAPÍTULO 6

El análisis

Introducción

Luego de transitar por las amplias e intrincadas situaciones de los capítulos anteriores y sus exigencias, requerimientos e investigaciones, arribamos al capítulo final de este proyecto. Como es de suponer esta parte final del proyecto es un análisis (conclusión) de aquellas áreas que fueron sensitivamente enfocadas y más que ello, llevadas a la práctica. Al terminar el trabajo pongo de relieve los resultados obtenidos, ya sean los positivos, como los negativos. Como he subrayado desde el principio, pretendo que el proyecto sea un modelo a seguir a nivel local como para otras iglesias o pastores que deseen ponerlo en práctica.

Los énfasis del proyecto

Queda claro que los dos puntos claves del proyecto son, *discipulado y misiones*, estos son como columnas vertebrales en la estrategia de crecimiento y desarrollo de la iglesia. No niego que haya otras formas diferentes o complementarias que sean perfectamente plausibles, sin embargo, estoy convencido que las que propongo no tienen rival y ello está basado en el hecho de que las iglesias que más florecen han optado por esas dos estrategias.

El proyecto envuelve a los miembros en una estela de razones que les conduce a preguntarse: ¿Por qué no lo perseguí antes? o ¿por qué no lo practiqué antes?, siendo que esto es lo que nos ha hecho crecer. El interés personal de desarrollo propio y la preocupación por la salvación de otros convierte al creyente en un vehículo de idoneidad para la iglesia, la comunidad y el mundo en general.

Valorando las diferentes áreas del proyecto

1. Análisis de nuestro contexto ministerial a la luz de nuestras realidades existenciales, éticas y espirituales.
2. Oportunidades que nuestro contexto ofrece.
3. Medios para lograr los resultados.
4. Declaración de propósito.
5. Limitaciones.
6. Otros factores limitantes.

Todos estos puntos fueron analizados detalladamente en el capítulo uno y en este capítulo seis, paso a valorarlos y a expresar hasta dónde o no fueron posibles.

1. Al crecer la población que nos circunda aumentaron las posibilidades de trabajo.
2. Las necesidades existenciales del área arrojaron fuentes de oportunidades de servicio comunitario.
3. Preparamos modelos en el liderazgo para hacer factible el trabajo.
4. Pusimos en marcha la regular gama de medios y alternativas que poseemos, así como de recursos espirituales.
5. Hallamos limitaciones económicas, de personal disponible y de tiempo suficiente.
6. Los dieciséis idiomas diferentes del área, las situaciones familiares, la distancia entre los creyentes, asuntos relacionados con la comunidad, las relaciones entre los miembros de la iglesia y otros factores más.

Después de períodos largos de reflexión, análisis y oración, descubrimos varios factores básicos que nos sirvieron de piedra angular: llevar al pueblo a una relación más personal con el Señor, enseñarles lo que dice la Biblia sobre asuntos básicos y cómo trabaja el Espíritu Santo, llevarles a una vida de devoción y oración más intensa, ayudarles a encontrar sus puntos vulnerables, inspirados a través de obras cristianas clásicas (ya citadas en capítulos anteriores), ponerles en estrecho contacto con personajes modelos de la Biblia, integrados en la acción misionera y hacerles sentir lo que realmente representan los miembros del cuerpo de Cristo.

Ajustes

En el proceso hemos tenido que hacer ajustes como el ejemplo de a continuación:

1. Por razón de edades diferentes, desde preescolares hasta adultos, cada grupo se reunía los miércoles en la noche. El idioma que usamos con los niños y los jóvenes es el inglés, intercambiando a veces el español a favor de los recién llegados que no hablan el idioma inglés. Hemos tenido que reajustar los antiguos programas por medios más contemporáneos y a la altura de los tiempos y las circunstancias en que vivimos. Ejemplo: antes todos nos reuníamos en el templo, luego de la implementación de este proyecto, nos reunimos por grupos, algunas veces por edades, otras veces por sexos o por intereses comunes. Esto culmina con los servicios del domingo, donde la adoración y la predicación son más en armonía con el proyecto en general.

La mejor dinámica

El discipulado intencional, con su respectivo esquema de asuntos básicos para la vida existencial o mayormente cristiana, con especial atención hacia los que se inician en las lides de la fe, la participación de las masas en esos proyectos, y la atención dinámica hacia las misiones, nos ha convertido en un modelo diferente. Los periódicos viajes misioneros, ya sea de adultos o jóvenes, han traído un atractivo especial a la iglesia.

Ya no es tan básico si vamos todos los días a la iglesia, ahora lo más serio es, cuánto estoy desarrollándome como discípulo y a cuántas etnias puedo alcanzar para su reino; ya no es tan importante qué ropa me pongo para ir a la iglesia, sino qué traigo en el corazón cuando voy (o cuando no puedo ir) ir a la iglesia.

El discipulado práctico y sistemático y el interés por llevar a otros a Cristo, son las áreas en que más están afectando positivamente a la iglesia. Cargamos con cruces, obstáculos, dudas, carencias, desafíos, carestías y otros muchos limitantes, pero, estamos experimentando lo que realmente es un discípulo y un atalaya del Altísimo.

En contraste con la propuesta

Esta ejecución final nos llevó a la conclusión de que, a pesar de lo riguroso de la propuesta y su propósito, no es fácil llevar a una iglesia, y menos convencer a otras personas de que nuestras máximas son prácticas y factibles, a pesar de demostrar escrituralmente y en la práctica, que el eje que hace moverse a cualquier iglesia son el discipulado y la obra misionera. Hay resistencia al cambio, prejuicios y desinformaciones y esto pone bloqueos al proyecto. Sin embargo, deseo subrayar los cambios logrados con el trabajo:

1. Mayor asistencia.
2. Mayor participación.
3. Más y mejor aprendizaje.
4. Más almas alcanzadas.

Nos preguntamos:

1. ¿Fue correcto el reto planteado desde el principio? Sí, porque logramos los objetivos.
2. ¿Las necesidades del pueblo fueron satisfechas? Sobre un 80%.
3. ¿Se dieron las oportunidades para lograr los retos y cubrir las necesidades? Sobre un 75%.

4. ¿Todo lo expresado antes fue identificado? 85%.

5. ¿Lo supuesto como tesis fue válido? Sobre un 75%.

6. ¿La Biblia avala el proyecto? 100 %. La Biblia fue la pirámide sobre la cual levantamos la propuesta. Mateo 28: 19-20 es el mayor termómetro para medir la validez del asunto. Sin eufemismos sabemos que nada en el Nuevo Testamento es más importante que el mensaje de la cruz y el crecimiento cristiano.

7. Si aplicamos las leyes de la hermenéutica, ¿hallaremos apoyo bíblico más que suficiente a nuestra propuesta? ¡Por supuesto que sí! La hermenéutica, cierra y ajusta perfectamente la validez de la Palabra a nuestra proposición.

8. ¿Cómo hemos respondido a las necesidades? Las respuestas son múltiples y de diferente naturaleza. Ejemplos: Si enseño a un grupo de diferente nivel cultural, ¿Qué hago para hacerme entender? Usar las leyes de la enseñanza, recurrir a la pedagogía y a la metodología y, ¿de no ser posible?, agrupar a las personas de acuerdo con su nivel educacional, cultural o bíblico. Esto lo hemos tenido que implementar con éxito. Como en el discipulado, hemos usado bastante literatura de Rick Warren, haciendo grandes avances, en ese sentido. Una de las cosas más sobresalientes de Warren es la observación de la sencillez de sus enseñanzas. Hicimos un sumario donde hallábamos las mayores dificultades de comprensión para resolverlas antes de llegar al grupo y fue un buen recurso. Es importante recordar que cada persona responde de forma diferente, dependiendo de sus circunstancias y necesidades. Si de la Biblia se tratara, Rick Warren recomienda observar los siguientes aspectos, para comprender bien cada pasaje:

> ¡Visualizarlo! Visualiza la escena en tu mente
> ¡Pronunciándolo! Enfatiza cada palabra en voz alta
> ¡Probándolo! Hazte la pregunta P.A.P.A.M.E.V.E.S.
> ¡Orándolo! Órale el versículo a Dios
> "No se contenten sólo con escuchar la palabra, pues así se engañan ustedes mismos. Llévenla a la práctica. Santiago 1:22[1]

---

[1] Rick Warren. 40 Días en la Palabra. sexta parte, 2012, 3.

Evaluación de la implementación

Nuestras metas objetivas ya fueron expresadas en el capítulo 4:

Inaugura un sistema de enseñanza y ejecución de esta, que permitió llegar a donde antes no habíamos llegado. Para conseguirlo, formamos cuadros de instrucción por edades e idiomas. Las fuentes principales aparecen en el capítulo 4 página 5. Hemos medido los resultados de los métodos a través del número de asistencia y los resultados conseguidos y destacamos la importancia de tener metas, objetivos o retos cuando vamos a realizar un trabajo con consecuencias definitivas.

"Cuando de objetivos se trata, éste intrínsecamente lleva su 'A.D.N' en sí, y no en nuestro modo de sentir o pensar. Los objetivos deben ser desapasionados, realistas con el fin o intento de lograr algo

Nuestro objetivo, ya claramente delineado en capítulos anteriores, tiene como propósito máximo, crear una iglesia al estilo de Jesús: Divulgación continúa del evangelio y enseñanza sistemática de la Palabra".[2]

Los más estudiosos en el campo del rol, metas y objetivos de la iglesia posmoderna, están de acuerdo en que se han maltratado estos principios y por ello sufrimos hoy las consecuencias. Cito algunos:

Sobre lo que aprendí y aprendimos los participantes

1. Que el estudio constante y sistemático hace de cualquier humano alguien actualizado.
2. Que el contacto con el mundo teológico abre fronteras y se aprende a renunciar al subjetivismo religioso.
3. Que la investigación posmoderna sitúa al individuo en una posición ventajosa, en relación con otros que no tienen en consideración estos valores.

[2] Sopena, Nuevo Diccionario Español. Editorial Sopena. 1960, 726.

4. Que enrolarse en una disciplina "X" enseñada en un seminario como el Midwestern despierta la mente a un mundo diferente.
5. Que estar en contacto con profesores de alto nivel académico como los Dres. G. Suárez, B. Sena, D. Sánchez y otros, es una oportunidad como para no desperdiciar tiempo y privilegios.
6. Que al estar al día con libros y autores de hoy ello ofrece un margen de ventajas y provechos imponderables.
7. Que al alternar con otros alumnos en las mismas aulas y con el mismo interés, resulta un beneficio espiritual e intelectual notabilísimo.
8. Que los énfasis en ciertas disciplinas resultan en un raudal de aprovechamiento personal y eclesial.
9. Que existe un cambio amplísimo de informaciones y oportunidades que, de no desarrollarse en este programa, resultarían desconocidos.
10. Que el hecho de envolverse en la logística del proyecto representó un medio poderosísimo, pedagógicamente hablando, para proyectar con lucidez la implementación del mismo.
11. Que poseer una estrategia específica de trabajo no es igual que seguir métodos ya pasados de moda.
12. Que a través de nuestro proyecto, con énfasis específicos en *discipulado y misiones*, cambió el rumbo de nuestra iglesia y satisfizo nuestras expectativas y plan general.

En lo personal

Aprendí implantación, metodología, propósitos claros, retos, metas, análisis, objetivos didácticos, estructuración, cómo hacer crecer los grupos e iglesia con fines específicos, cómo crear otros programas, como células, plantación de nuevas iglesias, reglas científicas para medir resultados, cómo hacer periodismo, escribir para revistas, tener un pastorado exitoso, cómo tener propósitos. Esto presenta solo un resumen de la gama de aprendizaje adquirido en el proceso de estudio en el *Midwestern Baptist Theological Seminary* y en mi proyecto final.

Estrategia para la demostración

La estrategia para la demostración local del plan fue implementada pasando por diferentes etapas: selección y aprobación del proyecto, oración, estructuración, selección del liderazgo adecuado, entrenamientos, reuniones periódicas, búsqueda de los materiales más acertados, maestros (por clases) con habilidades especiales, propósitos, metas y retos específicos, viajes al extranjero, implementación local del plan, reuniones de evaluación, encuestas y entrevistas. Todo este proceso de inicio y comienzo convenció a la iglesia local y a otras que el plan era legítimamente bíblico, práctico y que bien valía la pena su implantación.

Sobre las necesidades halladas

Muchísimas personas adolecían de un entrenamiento adecuado sobre el significado real del discipulado. Esto va mucho más allá de lo que es un cristiano regular para convertirlo en alguien especial. Beth Moore, en su obra "El Discípulo Amado" dice:

"No puedo avanzar sin reflexionar acerca de la misteriosa y divina capacidad de Cristo de tomar una vida y darle la vuelta, de arriba abajo, de adentro hacia afuera y de cualquier otra forma, sin dejar de sostenerla... Pedro le respondió a Jesús: 'Maestro, toda la noche hemos estado trabajando y nada hemos pescado'. Trabajan duro, día y noche. Entonces aparece Jesús y todo cambia".[3]

En nuestros grupos semanales discipulares, lo expresado por Beth Moore es lo que hemos querido inyectar en todos. Esto mismo les ha indicado realmente lo que es de verdad un discípulo:

"Si quieres servir a Cristo, no busques atarearte. Procura conocerlo íntimamente, ¡y te encontrarás frente a tu llamado, Dios quiere darnos más de su Espíritu Santo, de sabiduría y revelación para que sepamos qué hacer con lo que nos revela".[4]

[3] Beth Moore. El Discípulo Amado. B &H Publishing Group, 2004, 19.
[4] Ibid, 33.

Las necesidades encontradas las hemos querido llenar con una buena dosis de Biblia y oración para que esos huecos que producen la vida y sus circunstancias, sean satisfechas plenamente y que de verdad comprendamos, con toda su intensidad, qué y quién es un verdadero discípulo del Señor. Los retos, necesidades y oportunidades basadas en mis perspectivas fueron entendidas, aceptadas y llevadas a la práctica en el marco de la iglesia.

"La habilidad de simplificar consiste en la eliminación de lo innecesario para que lo necesario se note". - Hans Hoffman.[5]

Basado en estas premisas hemos envuelto a la iglesia en un manto de simplicidad esquemática y al hacerlo logramos erradicar lo menos básico y dar énfasis a lo imprescindible y con ello, los retos, necesidades y oportunidades de satisfacer las necesidades se tornaron en servicios prácticos. Entre las necesidades no satisfechas pudiéramos subrayar: espacios no adecuados, un poco de falta de líderes, situaciones personales del pueblo y otras. Entre las necesidades satisfechas, indicamos, como la más sobresaliente y singular, la de lograr poner en práctica las máximas de este proyecto. Sé que a la hora de la ejecución del proyecto, las ideas del grupo general fueron nuevas e incorporadas y esto logró enriquecer el proyecto. Ejemplo: Los jóvenes decidieron poner en marcha un viaje misionero al extranjero y ello ha constituido un vasto requerimiento a misiones como parte del presente proyecto. Si bien es cierto que yo hice el lanzamiento, de las dos partes del proyecto y preparé las condiciones, los seleccionados para impartir los talleres a la iglesia en un 90%, la parte ejecutiva ha sido tarea de todos.

Decir que la estrategia hipotética planteada se implementó adecuadamente, es un tanto arriesgado, pero lo que queríamos lograr lo hemos conseguido. En el proceso hemos aprendido que la filosofía, el plan de trabajo y los lineamientos generales pudieron haber sido mejor implementados si hubiésemos tenido, más tiempo y mejores recursos.

---

[5] Reiner S. Thom. Geiger, Eric. La Iglesia simple. H & B. Publishing Group, Nashville, TN, 2007, 57.

Si pudiéramos describir objetivamente el resultado final, trazaríamos la siguiente gráfica.

Escala de crecimiento

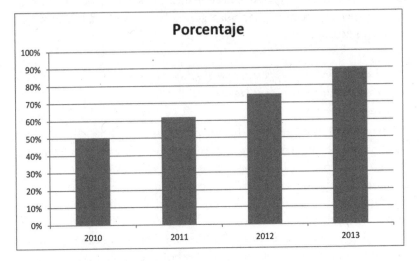

Efectivamente, podemos afirmar que la iglesia ha experimentado un cambio que, no solo incluye, discipulado y misiones, sino también progresos en: adoración, música, compañerismo, reciprocidad, mayor contacto con la comunidad, aceptación étnica notable, identificación con los programas educacionales y notabilísimo interés en el trabajo misionero.

Resumen analítico

Definitivamente la ejecución de este proyecto ha provisto un nuevo rumbo para la Primera Iglesia Bautista Hispana de Plantation. El hecho de haber involucrado a muchas personas, tanto en la enseñanza como en las misiones ha atraído un movimiento sin precedentes en la historia de la iglesia. Por otra parte, el tener que haber puesto en práctica tan variada y exitosa literatura, ha enriquecido los conocimientos y creado nuevas destrezas.

Evaluación y análisis

Es verdad, quisimos tener éxito durante el andar de este trabajo, eso es ciertísimo, pero definamos primero qué es éxito y luego llegaremos a conclusiones:

"El éxito es el logro continuo de llegar a ser la persona que Dios quiere que usted sea y lograr las metas que Él le ha ayudado a establecer".[6]

Es indudable que el éxito, al producir esta obra ha sido una de mis metas, pero por favor, no se mal entienda, si he luchado por ello no es para vanagloria personal sino para el bienestar de la obra de Dios. Al conseguir involucrar a líderes e iglesia en busca de máximas cristianas y ver cómo ello han respondido al asunto, lo considero un éxito. Con impedimentos y barreras, ¡muchas! Pero de ninguna manera éstas han sido óbice para consumar el proyecto. ¿Qué ha sido perfecto? En ninguna manera. ¿Que me ha servido de estímulo para nuevos ensayos? Definitivamente. ¿Que me ha dejado exhausto? Un tanto, pero no lo suficiente como para no seguir perfeccionando el plan y hacerlo más agresivo y práctico, sobre todo porque tengo la convicción de que ello representa lo más adecuado para la iglesia. Afirmar que todo se realizó adecuadamente con carácter de axioma, me parece un tanto atrevido y con cierta presunción. ¡No! Hubo errores de cálculo, ejecución y práctica, factores que, al analizarlos nos conducen a tomar mayor precisión al continuar ejecutando en el futuro. Todo esto me recuerda lo dicho por Miguel Núñez:

"Un líder dentro del pueblo de Dios es una persona que tiene muchas expectativas que llenar tanto de parte de Dios como de parte de la congregación. Muchas de esas expectativas son muy reales, pero otras son tan elevadas que llegan a ser irreales. Líderes seculares como Bill Clinton, anteriormente presidente de los Estados Unidos, y otros más, han hecho la observación de que hoy en día es muy difícil llenar las expectativas en la población, porque el egocentrismo y las necesidades que las personas creen tener son mayores que cualquier presidente o líder puede

---

[6] Charles Stanley. El Éxito a la Manera de Dios. T. Nelson. 2000, 3.

llenar... muchos han hecho la observación de que es extremadamente difícil para un pastor en el mundo de hoy llenar las expectativas de una congregación que ha llegado a ser altamente cibernética, que por mucho tiempo escuchando sermones de los grandes predicadores, tanto por televisión como por Internet... Cristo lo explicó de esta manera: 'Un discípulo, después de que se ha preparado bien, será como su maestro' (Lucas 6:40). ... En el día final, una de las cosas por las que el líder tendrá que rendir cuentas es por la forma en que él se haya reproducido en otros".[7]

En esta obra nos hemos esforzado por hacer lo mejor, pero sabemos que existen caminos por explorar, metas que alcanzar, descubrimientos que realizar, expectativas que cubrir, emociones y sentimientos que equilibrar, enfoques que pueden resultar contradictorios a otros, frustraciones inevitables y una amplísima gama más de terrenos, los cuales aún permanecen sin cultivar. No pretendo ser original y sé que algunos pensarán que "no haya nada novedoso", pero tengo la convicción de que he elaborado un plan conforme al corazón de Jesús. Lucas 1:6 (NVI).

Evaluación de la implementación

De acuerdo al análisis en la sección correspondiente a las metas, las submetas, el propósito y objetivo del proyecto, como lo establecen otros capítulos, especialmente el capítulo 4, la evaluación arrojó los siguientes resultados:

Metas

1. Desarrollamos un sistema de discipulado y misiones que sumergió a la iglesia en un apasionante mecanismo de aprendizaje y pasión por la obra misionera y el discipulado.
2. ¿Fueron logradas las metas? ¡Sí! Durante más de ocho meses hemos tenido a la iglesia (semanalmente), en estudios de capacitación y desarrollo discipular; invertimos tiempo y recursos en el extranjero y plantamos seis nuevas iglesias. Nuestra fe se ha fortalecido y ha crecido.

[7] Miguel Núñez. Una Iglesia Conforme al Corazón de Dios. Portavoz. 2001, 255.

Retos

La iglesia ha sido retada a abandonar lo sistemático para entrar en una nueva etapa, donde lo menos importante dio paso a lo más necesario. Viejos esquemas tuvieron que ser rotos para llevar a la congregación a un nivel diferente de comprensión y acción donde se cedieron conceptos y espacios a lo nuevo, sin lastimar nuestras doctrinas y principios bíblicos. Los retos establecían nuevas formas de estudiar la Palabra, un nuevo estilo de liturgia, una mayor participación de líderes y estudios de materiales más actuales en armonía con esta nueva era posmoderna.

Objetivos

Como dice Robert Mager:

> *"Objetivos formulados de modo significativo, son aquellos que logran comunicar sus intenciones... un objetivo describe las (potenciales) condiciones principales de la acción... La función del objetivo es comunicar".[8]*

A la luz de esta sabia reflexión de Mager, logramos los objetivos. Buscamos la forma y medios de hacer claros y significativos lo que queríamos alcanzar: hacer conciencia de que una iglesia sobrepasa el concepto de congregación para convertirse en "cuerpo" funcional y multifacético. Ej. "para" y "por qué" exitismo y "cómo", se hizo patente por medio de parámetros comprensivos y comunicadores vivos. Creo que hemos logrado cambiar la praxis de la iglesia y ello es indicativo de que algo salió bien. Si tengo que reconocer la contribución de estos cambios de aspectos, preciso mencionar el programa de doctorado al que ha sido expuesto y la sabia dirección del Dr. Gustavo Suárez.

La metodología usada en el proyecto satisfizo mi particular interés en demostrar la valía de mi argumento, frente a la problemática de la iglesia de hoy, como demuestro a continuación. Antonio Cruz subraya:

> *"La humanidad ha asistido durante los últimos cincuenta años a la pérdida paulatina de todo tipo de fe... Los grandes relatos del pasado aburren al hombre*

---

[8] R. Mager. Cómo formular objetivos didácticos. EPIE. 2000, 49.

contemporáneo que sólo acierta a soportar las pequeñas vulgaridades cotidianas y costumbres. No se tienen ideas claras del mundo a seguir. El viaje es demasiado largo y hace tiempo ya que la brújula se perdió en el camino. La sociedad se ha quedado huérfana viviendo, como decía Walter Benjamín, en una especie de mesianismo sin mesías... entramos a la cultura posmoderna,... en que el placer y el estímulo de la vida corriente...(la cita debería acabar la frase) cuatro períodos principales que habrían contribuido a la gestación del momento presente: el vitalismo intelectualista de comienzos de siglo, el Existencialismo de las décadas 30 al 50, la Contracultura de los años 60 y la actual posmodernidad...".[9]

El teólogo católico González Faus propone como ejemplo de posmodernidad la letra de las canciones de Joaquín Sabina:

"Cada noche un rollo nuevo
Ayer el yoga, el tarot, la meditación
Hoy el alcohol y las drogas
Mañana el aerobic y la reencarnación".[10]

Y la iglesia, ¿es una excepción? Sí y no. Sí, porque es la única alternativa. No, porque el grito juvenil de hoy es ¡muera la razón, viva el sentimiento! Sé que mi proyecto no es popular porque aunque, el abanico de mis pensamientos está abierto para explorar el fondo del hueco religioso-social en que hemos caído, mi propuesta exige regresar al modelo de Jesús y eso no es popular. He invertido largos meses auscultando a los nuevos pensadores y también a los de ayer. Desde Benny Hinn hasta Paul Tillich he recorrido el espectro de muchísimos pensadores buscando, aunque sea una pizca de autenticidad absolutamente bíblica, y todo lo que he hallado son ideas, emociones y más emociones. Independientemente de los criterios y confusiones reinantes, pensando en el futuro de la iglesia, de algo si estoy bien seguro, y son de las palabras de Jesús cuando dijo: "... las puertas del infierno no prevalecerán contra la iglesia". Mateo 16:18.

---

[9] Antonio cruz. Posmodernidad. Editorial Clie. España. 1996.
[10] Faus González.

Todas las informaciones y actividades prácticas realizadas durante el período de implementación de este proyecto han corroborado que nuestra iglesia, por encima de las características antes anotadas, ha participado, aceptado e incorporado a su vida práctica los valores enseñados. Los participantes aprendieron lo planificado, lo integraron a sus costumbres y estándares de vida, aunque siempre uno cree que se pudieron haber conseguido cosas mejores.

El hecho de trabajar en grupos y con una organización demandante, nos brindó la oportunidad de lograr los objetivos esperados. Durante el período de implementación hicimos énfasis en los siguientes retos:

1. Discipulado práctico, un tanto fuera de lo tradicional.
2. Entrenamiento de líderes capaces de hacer frente a cualquier demanda, desde educación cristiana, hasta trabajo misionero con riesgo, o ministración en caso de catástrofes naturales.
3. Creación de un *staff* para continuar el trabajo en el futuro.
4. Creación de un equipo musical que responda y se corresponda con los tiempos en que vivimos, centrándonos en una adoración efectiva, basada en Dios como centro y no en la satisfacción de las emociones antropológicas.
5. Corresponder a las necesidades existenciales y espirituales del hombre y su medio socioeconómico.
6. Crear conciencia misionera.
7. Entendimiento de lo que realmente es una iglesia militante.
8. Creciente interés en la asistencia, siendo que programas adecuados y pertinentes generan interés en cuanto a la militancia constante.

Vacíos hallados en el proyecto

La temática o propósito del proyecto no admite vacíos, sólo que la falta de espacios, recursos metodológicos, económicos, personal no preparado suficientemente, abrió brechas que nos hicieron sentir la existencia de espacios o vacíos. De los errores cometidos en el proceso y de las carencias antes subrayadas, aprendimos aspectos que van apareciendo sobre la marcha del asunto en cuestión. Hasta los vacíos se convierten en retos cuando los tomamos como dinámica para ello. Otros estudios adicionales representan huellas dejadas por los vacíos. Las características que siguen a una iglesia en crecimiento arrojan un amplio margen de análisis para saber si fueron satisfechas las expectativas del proyecto y hasta qué nivel.

A. *Características de una iglesia en crecimiento que resultan consecuencias de discipulado y misiones como máximos proyectiles*:

1. Una iglesia en crecimiento gira alrededor de la Biblia como eje central. Una de las situaciones más dramáticas de estos tiempos de multiplicación tecnológica, es el descuido del estudio sistemático de la palabra de Dios; pero una iglesia que crece no descuida este aspecto.

2. Una iglesia en crecimiento tiene una visión definida. Sabe lo que quiere y todos sus movimientos giran alrededor de esa Visión. El énfasis de toda meta deberá estar dirigido en dos direcciones: (a) Haciendo discípulos (b) Proyectándonos hacia la comunidad.

3. Una iglesia en crecimiento está envuelta en un programa de Evangelización continuo. Esto sólo se alcanza cuando: (a) Hay un plan. (b) Hay un programa. (c) La mayor parte de la membresía está envuelta en ello. (d) Hay una escuela de entrenamiento. (e) El pastor es el principal exponente y líder en este trabajo.

4. Una iglesia en crecimiento deberá cultivar una mentalidad (permanente) dirigida hacia las misiones y la acción evangelizadora.

5. Una iglesia en crecimiento tiene una actitud positiva: (a) Su liderazgo es positivo. (b) Sus líderes delegan responsabilidades sin prejuicios y con confianza en la habilidad de los demás.

6. Una iglesia en crecimiento es muy sensible a las directrices del Espíritu Santo.

B. *¿Cómo podemos saber si un líder o pastor es una persona exitosa?*

1. Es una persona a quien el pueblo escucha y sigue.

2. Es una persona que sabe delegar responsabilidades.

3. Es una persona que sabe planear y establecer prioridades en su trabajo.

4. Es una persona de oración; alguien que cree en los demás y está dispuesto a pagar.

C. Las iglesias en donde el crecimiento es efectivo:

1. Oran
2. Entrenan
3. Planifican
4. Discipulan
5. Testifican
6. Reproducen
7. Enseñan la Biblia
8. Establecen prioridades
9. Crean nuevas células
10. Plantan nuevas congregaciones
11. Propician medios para una obra misionera significativa
12. Creen en la habilidad de sus líderes
13. Tienen una visión
14. Atienden a sus jóvenes
15. Instruyen a sus niños
16. Velan por los adultos
17. Valoran la música
18. Adecuan la adoración a los parámetros pertinentes

D. Un ministro que quiera engrandecer su tarea deberá tener diez cualidades que lo distingan:

1. El fundamento de su ministerio es de convicciones e incorpora sus habilidades profesionales.
2. La naturaleza del ministerio es de servir y no de ser servido.
3. La motivación del ministerio es el amor y no el dinero o el poder.
4. La regla para medir el ministerio deberá ser el sacrificio y no los aplausos.
5. La autoridad del ministro llega con la sumisión y no con el encubrimiento.
6. El propósito del ministro es glorificar a Dios y no glorificarnos a nosotros mismos.
7. Las herramientas del ministerio son la oración y las Escrituras no un libro de mercadeo.
8. El privilegio del ministerio es de crecimiento, el cual deberá ser medido por su profundidad y no por cantidades (aunque las cantidades miden la efectividad).

9. El poder del ministerio viene del Espíritu Santo y no de ningún programa (aunque los programas pueden ser herramientas del Espíritu).

10. El modelo del ministro es Jesucristo, no una corporación, organización u hombre.

E. *Algunas características sobresalientes que caracterizan a las iglesias que más crecen son:*

1. Adoración Bíblica y dinámica.

2. Énfasis en la Biblia y su estudio.

3. Atención especial a los visitantes.

4. Servicios en la comunidad.

5. Un programa sistemático de visitación.

6. Satisfacción con la iglesia local y atención a la denominación a la que se pertenece.

7. Un ministro tiene buenas relaciones con su congregación y goza de una amplia simpatía dentro de la misma.

8. Respeto a las tradiciones, pero libertad para hacer modificaciones de acuerdo con los requerimientos de la dinámica de la iglesia contemporánea.

9. Énfasis en las necesidades situacionales de los diferentes grupos dentro de la iglesia.

10. Un programa agresivo de la mayordomía basado en la entrega sin reservas durante toda la vida.

11. Énfasis en la música y su papel trascendente en la adoración.

12. Establecimiento de planes, metas, entrenamientos y diseño de cada paso durante el año.

13. Erradicación de todo sector de opiniones en contra del consenso general de la iglesia.

14. Un testimonio intachable de los obreros y líderes al frente de las distintas organizaciones y programas.

15. Uso de los medios de comunicación masivos especialmente radio, televisión e internet.

16. Cuidado en la elaboración de mensajes, estudios y entrenamientos ofrecidos en la iglesia.

17. Todo tipo de medios para la enseñanza, la propaganda y la difusión del evangelio.
18. Un equipo altamente calificado al frente de un programa de consejería en la iglesia.
19. Dinámicas de relaciones humanas donde hay conflictos.
20. Un programa continuo en las cárceles y hospitales.
21. Todo tipo de actividades evangelísticas durante el año (especialmente fuera del Templo).
22. Énfasis en constituir un modelo de cristiano de cada miembro.
23. Periódicas vigilias de oración y énfasis sobre la importancia de la dependencia divina en todo trabajo de la iglesia.
24. Un programa agresivo, dinámico y sistemático con la juventud.
25. Existencia de una escuela teológica local o cercana donde los miembros puedan recibir una instrucción adecuada.
26. Aprovechamiento de toda oportunidad para testificar, atraer y presentar a la iglesia como una gran familia con sus brazos abiertos.
27. Estudios Bíblicos especiales, uno por semana.
28. Trabajo misionero y evangelístico sistemático.
29. Llevar a la práctica en grupos los más recientes y destacados estudios realizados por autores de credibilidad.

Resumen: Evaluación y análisis

1. Los retos fueron definidos, lanzados, estructurados y puestos en práctica.
2. Teníamos necesidad de simplificar y reestructurar las dinámicas de la iglesia.
3. En la jungla de tantas actividades, locales y convencionales, sentíamos que el camino era impreciso y el proyecto nos indicó la ruta adecuada.
4. Descubrimos que aún nos faltaba mucho camino por andar, y precisamos las señales.
5. En la interiorización y análisis de las necesidades, hallamos márgenes que no habían sido satisfechos.

6. Entendimos que había retos, metas, necesidades y oportunidades que no se habían evaluado:
   a. Educar a la iglesia para discipular y hacer misiones.
   b. Estructuración de las formas de ayuda a la comunidad (vea capítulo 1).
   a. Establecimos formas para hacer el trabajo dentro y fuera de la iglesia, de manera más precisa.
   b. Identificamos debilidades existentes en las formas de ser como iglesia o cuerpo de Cristo.
   c. Descubrimos huecos que por falta de sistemas no habían sido cubiertos.
   d. Nos dimos a la tarea de analizar cómo ser más objetivos y menos egocéntricos.

Discipulado: Errores y aprendizaje

1. Diversificación de métodos pedagógicos. Observé que no hubo diversificación de métodos.
2. Se tiene que ser más cuidadoso al enseñar y hacer uso de mejores métodos. Se debe utilizar una variedad o diversificación de los métodos de enseñanza para llegar a todo tipo de persona y a las diferentes audiencias.
3. No asumir que las personas van a entender todo lo que estoy enseñando. Aprendí que hay que darle mayor participación a los integrantes del grupo para asegurar que han captado todo.
4. Ser más selectivo a la hora de escoger los materiales. Aprendí que no todos los materiales impartidos apelan y resuelven las necesidades que el grupo necesita.

Misiones: Errores y aprendizaje

1. Aceptamos personas o voluntarios sin haber poseído experiencia suficiente en misiones. Aprendimos a escoger y preparar mejor a las personas y equipos.

2. No realizar un *"background check"* a los participantes. Se corren riesgos legales y éticos al no hacerlo.

3. Débil conocimiento de los elementos culturales de los países a donde hemos ido. Pasar cursos y entrenamientos intensivos al respecto.

Lo que haría diferente

El desconocimiento de las reglas y leyes no lo exime a uno de culpa; con esto quiero decir que en el futuro abundaría en una información más exhaustiva de todos aquellos aspectos, que en ambas disciplinas son absolutamente básicos. John C. Maxwell en su obra, "Equipo 101" dice:

Competir o complementar

Competir	*Complementar*
Mentalidad de escasez	Mentalidad de abundancia
Yo primero	La organización primero
La confianza se destruye	La confianza se desarrolla
Unos ganan y otros pierden	Ambos ganan
Pensamiento individualista (mis buenas ideas)	Pensamiento colectivo (nuestras grandiosas ideas)
Exclusión de los demás	Inclusión de los demás [11]

Con esto deseo significar que el hecho de formar los grupos para el proyecto creó una mentalidad de equipo; por ello, yo batallaría más en desterrar el individualismo y proveer estrategias, tanto bíblicas como educacionales que cohesionen más a los integrantes a fin de que los resultados finales resulten más relevantes. Tanto mis profesores en el DM como mis compañeros de clase y del proyecto en conjunto me han hecho reflexionar para pulir mejor los trabajos que en el futuro me proponga realizar.

En fin, reuniría lo que haría diferente en tres categorías: 1- Una logística cuidadosamente elaborada. 2- Un presente bíblico constante.

---

[11] John C. Maxwell. Equipo 101.

3- Una colección de líderes y materiales que hagan significativo el trabajo.

Lo que no cambiaría

Absolutamente convencido de que el discipulado y las misiones son el alma de la iglesia, no es cuestionable ni rebatible tal axioma, y aunque sé que existen cientos de medios auxiliares para hacer la obra de Dios, las antes mencionadas son las máximas que nos han conducido a criterios definidos y absolutos de que estas son las herramientas usadas por los discípulos, los apóstoles y los siguientes grandes hombres de la exposición bíblica. Convencido de que este, mi argumento procede de Dios, me gustaría citar las palabras de Beth Moore:

"La Palabra es la única sustancia en verdad divina que podemos tocar en este mundo terrenal. No adoro el libro en sí. Adoro a Aquel que sopló vida en sus páginas, en forma de vocabulario humano, a fin de que criaturas mortales como tú y yo tuviéramos la oportunidad de oír la propia voz de Jehová Dios. Ese pensamiento me emociona hasta las lágrimas. A menudo alguna querida hermana que se siente conmovida por mis estudios bíblicos me agradece por escribirlos; se me hace un nudo en la garganta mientras trato de expresarme:

Gracias, querida. ¿Te das cuenta de que tu anhelo por estos estudios es precisamente lo que Dios usa para mantener a esta mujer, antes tan quebrada y autodestructiva, en un estado permanente de sanidad y unción? ¡Vivir la Palabra me liberó de vivir en el abismo y llevó mi alma a danzar en praderas de flores silvestres y a nadar en bancos de coral! Puedo recorrer lugares exóticos al otro lado del planeta y retroceder en el tiempo hasta civilizaciones antiguas, ¡y todo esto sin salir de mi lugar de trabajo! Me siento inundada de gratitud hacia Dios y hacia esta pequeña porción del cuerpo de Cristo que me extiende esta hermosa invitación".[12]

Yo sé muy bien que nadie me persuadiría a cambiar mí definido criterio de que el motor que usa el Espíritu Santo es el aprendizaje y seguimiento de las directrices de la Palabra, en perfecta armonía en la disciplina que tiene que ver con la penetración del mensaje

---

[12] Beth Moore. El Discípulo Amado. B&H Publishing. 2004, 17.

de la cruz hasta la última playa del planeta tierra. Cuando la última escena del drama humano termine y se cierren las cortinas, lo que hemos implantado en la iglesia demostrará la validez de lo que hemos batallado por establecer.

Conclusión

Al concluir este proyecto, disertación final o tesis, deseo subrayar las palabras de algunos grandes en el campo de los logros:
John MacArthur dice:

"Cuanto más cultivemos a las personas de las que dependemos y cuanto más aprendamos a delegar, mejor podremos dirigir. Cuanto más invierte un líder en las personas, más eficaz será en el servicio del Señor". [13]

Citando a T. S. Eliot, Alan Hirsch dice:

"La mayor prueba del cristianismo para los demás, no es hasta qué punto la persona puede analizar lógicamente sus razones para creer, sino hasta qué punto en la práctica está dispuesto a entregar su vida por esta creencia". [14]

Y citando a Paulo Coelho, Hisrch agrega:

"El barco está más salvo cuando está en el puerto, pero los barcos no están hechos para estar ahí". [15]

Citando a Gus Suárez en su obra, Conexiones:

"No va a tener éxito aquél que no se acomoda a la cultura en donde Dios le ha

---

[13] John MacArthur. Liderazgo en Grupo. Nelson. 2006, 185.
[14] Hirsch, Alan. Caminos Olvidados. Missional Press. 2009, 101.
[15] Ibid. 89.

llamado a ministrar. Descubrir la cultura es descubrir una forma de vida. Sacar al hombre de su cultura y costumbres sin ofrecerle un sustituto funcional es poner al hombre en un vacío donde sólo encontrará frustración… ¿qué ves cuando miras alrededor de tu vecindario?".[16]

Misiones y discipulado son puentes seguros que ninguna tempestad nunca podrá destruir. La contextura y validez de esos principios no serían claros a no ser que estuvieran abalados por la Palabra y la historia. Cuando ha parecido que otras filosofías han desafiado estos postulados, éstos siguen incólumes, las palabras ya citadas del Señor Jesús en Mateo 16: 18 nos lo recuerdan a cada instante.[17]

[16] Gustavo Suarez. Conexiones. Publisher, TX. 2004, 76.
[17] Nueva Versión Internacional.

APÉNDICE A

Realidades y perspectivas:

Apéndices

El propósito del proyecto

Convertir nuestra iglesia en taller de
Discipulado y Agencia Misionera del Reino

Situación geográfica de la iglesia:

1. Radio que cubre sobre 15 millas de distancia.
2. Zona de playa 8 millas.
3. Radio que cubre sobre 14 millas de distancia.
4. Radio que cubre sobre 15 millas de distancia.
   1A. 40% membresía
   2B. 10% membresía
   3C. 25% membresía
   4D. 25% membresía

-N/S/O mayor número de miembros.
-Estrategia de alcance: todas las regiones.
-Definición de estrategia: evangelismo, discipulado y misiones.
-Continuidad: énfasis en las tres áreas
anteriores superando las diferencias.

Énfasis del proyecto
APÉNDICE B

Estrategia de alcance de la iglesia

ESPÍRITU SANTO

DISCIPULADO **PASTOR** MISIONES

LÍDERES

GRUPOS

LA BASE: LA BIBLIA
(La pirámide del éxito)

APÉNDICE C

VENTAJAS

.COMO PASTOR FUI EL IMPULSOR, ORGANIZADOR Y PROMOTOR DEL PROYECTO

.LOS LÍDERES FUERON ENTRENADOS POR MÍ

.LOS GRUPOS LLEVARON ADELANTE EL PROGRAMA

APÉNDICE D

ESTRATEGIA DEL PLAN

HICIMOS UN ESTUDIO BASADO EN LAS INFORMACIONES Y EXPERIENCIAS PREVIAS	BUSCAMOS LA APROBACIÓN DE NUESTRO PROFESOR, MENTOR, DR. BOB SENA	FUIMOS ESTIMULADOS POR EL TRABAJO DEL NAMB Y DEL IMB	LA BIBLIA FUE NUESTRA MÁXIMA INSPIRACIÓN EN EL PROYECTO

ESTRATEGIA DEL PLAN

- RECLUTAMIENTO
- REFORZAMIENTO DE LÍDERES
- DESCUBRIMIENTO DE DONES
- BASE BÍBLICA
- BÚSQUEDA DE MATERIALES ADECUADOS
- REUNIONES SEMANALES (2 POR SEMANAS)
- ÉNFASIS EN MISONES (INCLUYE VIAJES)
- ÉNFASIS EN DISCIPULADO CONTINUO
- BÚSQUEDA DE RECURSOS MATERIALES
- USO DE MEDIOS TECNOLÓGICOS
- BENEFICIO DE CONFERENCISTAS ESPECIALIZADOS

APÉNDICE E

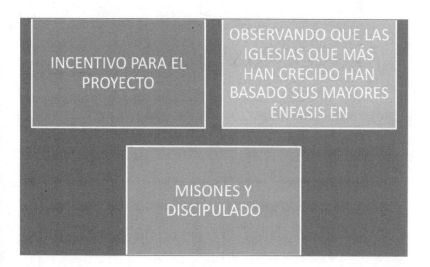

INCENTIVO PARA EL PROYECTO

OBSERVANDO QUE LAS IGLESIAS QUE MÁS HAN CRECIDO HAN BASADO SUS MAYORES ÉNFASIS EN

MISONES Y DISCIPULADO

APÉNDICE F

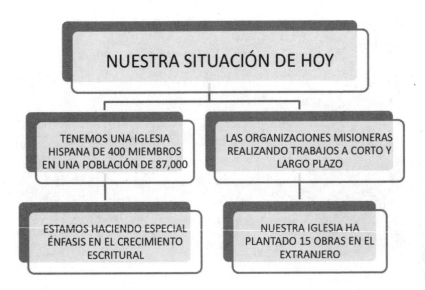

NUESTRA SITUACIÓN DE HOY

TENEMOS UNA IGLESIA HISPANA DE 400 MIEMBROS EN UNA POBLACIÓN DE 87,000

LAS ORGANIZACIONES MISIONERAS REALIZANDO TRABAJOS A CORTO Y LARGO PLAZO

ESTAMOS HACIENDO ESPECIAL ÉNFASIS EN EL CRECIMIENTO ESCRITURAL

NUESTRA IGLESIA HA PLANTADO 15 OBRAS EN EL EXTRANJERO

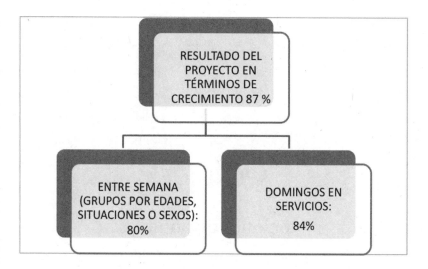

APÉNDICE G

Opciones disponibles

- PERSONAL DISPUESTO A CONTINUAR EL TRABAJO

- OPORTUNIDADES ABIERTAS EN LA COMUNIDAD QUE CONTINUARÁN

- DISPOSICIÓN DEL MINISTERIO DE FINANZAS PARA SEGUIR ADELANTE

- LA IGLESIA ESTÁ DISPUESTA A REALIZAR CAMBIOS

APÉNDICE H

Declaración de la visión

TENER UNA IGLESIA DONDE LA INMENSA CANTIDAD DE MIEMBROS ESTÉN DISCIPULADOS

DESCUBRIR LAS HABILIDADES Y DONES DE CADA CREYENTE

LLEVAR EL MENSAJE A TODA CIVILIZACIÓN POSIBLE

APÉNDICE I

Lugar hacia donde queremos llevar la iglesia

Lema: "... *extendiéndonos a lo que está delante*". Filipenses 3:13b

Metas:

Lograr que cada miembro sea beneficiado a través de la Misión y la Visión de la iglesia.

Alcanzando 70 nuevos miembros y buscar 70 miembros que alcancen 70 personas.

Formas periódicas para verificar las metas (una vez al mes).

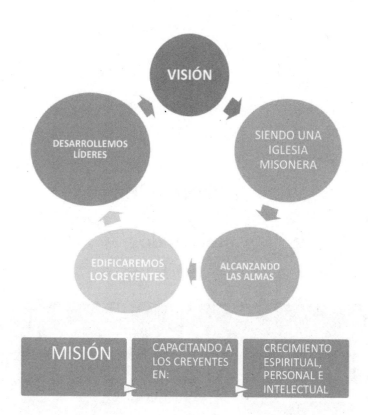

APÉNDICE J

Revisando

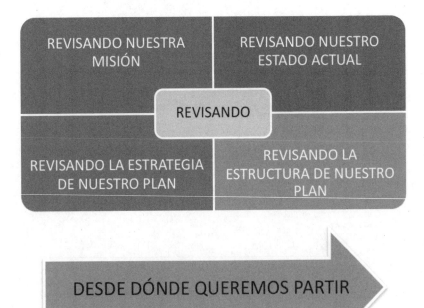

EDUCACIONAL

GRUPOS

MISIONAL

**EQUIPOS
ENTRENADOS Y
ENVIADOS**

MOVIMEINTO
DE ESTRATEGIA

BASE

APÉNDICE K

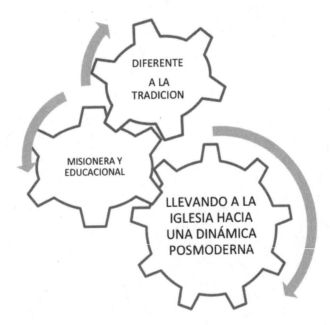

¿Qué estamos haciendo para enseñar con precisión a los grupos?

Estamos aprovechando la cantera de información que nuestros escritores están produciendo. Cito entre ellos 40 Días en la Palabra, 40 Días en

Comunidad y Administración de la Vida. Todo ellos de Rick Warren y además, El Discípulo Amado, El Corazón del Creyente y Daniel de Beth Moore, Iglesias Exitosas de Thom S. Rainer, La Iglesia del Futuro de Eddie Gibbs, ¿Cómo sembrar iglesias en el siglo XXI? de Daniel Sánchez, Jonás y La Resolución para Mujeres de Priscilla Shirer, La Resolución para los Hombres de Stephen Kendrick, *The Case for Christ* de Lee Strobel (para nuestros jóvenes).

APÉNDICE L

El meollo de nuestros valores

La Palabra

APÉNDICE M

Carta a las iglesias

CONFRATERNDAD DE IGLESIAS BAUTISTAS DE BROWARD

Queridos hermanos Pastores y Líderes.

Mis hermanos pastores e iglesias, que están siendo guiadas y ministradas conforme a la palabra de Dios y para su gloria. Reciban de mi parte y de la confraternidad—de Iglesias Bautistas del nuestro condado Broward—un afectuoso saludo.

No hay duda que nos ha tocado servir en una generación especial, la iglesia de hoy día enfrenta retos y peligros que no podemos obviar, peligros afuera y peligros adentro. Las palabras del apóstol Pablo nos obligan a considerar con sumo cuidado la responsabilidad puesta sobre nuestros hombros:

> *"Por tanto, mirad por vosotros, y por todo el rebaño en que el Espíritu Santo os ha puesto por obispos, para apacentar la iglesia del Señor, la cual él ganó por su propia sangre. Porque yo sé que después de mi partida entrarán en medio de vosotros lobos rapaces, que no perdonarán al rebaño. Y de vosotros mismos se levantarán hombres que hablen cosas perversas para arrastrar tras sí a los discípulos. Por tanto, velad, acordándoos que por tres años, de noche y de día, no he cesado de amonestar con lágrimas a cada uno". Hechos 22:28-31*

Somos pastores guiando a las ovejas en medio de una manada de lobos, Dios nos ha colocado en comunidades diversas y diferentes ubicaciones, pero todos sin excepción vamos transitando el mismo camino y enfrentando los mismos retos.

No es difícil entender la necesidad que tenemos de proteger, cuidar, edificar y alimentar al rebaño. Y sé que muchos de nosotros podemos pensar que es mejor hacerlo solos que mal acompañados, sin embargo, les ruego no olvidar que el deseo de Dios y la oración de nuestro Señor Jesucristo fue "que todos seamos uno, como él y su Padre son uno".

Querido pastor, nuestra tarea es más grande que nosotros mismos, y la confraternidad nos brinda la oportunidad de practicar los beneficios del trabajo unido y en equipo. Nuestra razón de ser no es gastar el tiempo y los recursos del pueblo de Dios en banalidades, tampoco lo hacemos en beneficio de la confraternidad como grupo rector, estamos aquí por ti y para ti. Por eso es por lo que nuestro enfoque es bendecir y ayudar a las iglesias aquí representadas.

Tenemos una extraordinaria oportunidad, posibilidades sin límites. Cuando hombres, ideas, dones, talentos se unen para la gloria de Dios, el impacto en nuestra generación será de consecuencias eternas y un legado ejemplar a la próxima generación.

Es mi particular oración que Dios esté bendiciendo tu vida y ministerio, y que mueva tu corazón y el corazón de tus líderes a unirte a esta jornada gloriosa, el 2013 será sin dudas un año para hacer de nuestro condado casa de Dios y puerta del cielo.

"Me fijé entonces en otro absurdo en esta vida: vi a un hombre solitario, sin hijos ni hermanos, y que nunca dejaba de afanarse; ¡jamás le parecían demasiadas sus riquezas! ¿Para quién trabajo tanto, y me abstengo de las cosas buenas?, se preguntó. ¡También esto es absurdo, y una penosa tarea! Más valen dos que uno, porque obtienen más fruto de su esfuerzo. Si caen, el uno levanta al otro. ¡Ay del que cae y no tiene quien lo levante! Si dos se acuestan juntos, entrarán en calor; uno solo ¿cómo va a calentarse? Uno solo puede ser vencido, pero dos pueden resistir. ¡La cuerda de tres hilos no se rompe fácilmente! -Eclesiastés 4:7-12*

Tu servidor en Cristo Rafael María[1]

---

[1] Rafael María, Carta Recibida. 2013.

APÉNDICE N

Notas como ejemplo del resultado al proyecto mayor

Noticias

Estos son algunos de los logros más sobresalientes en la obra del Sur profundo en República Dominicana

I. **Logros espirituales.**
    A. Abrimos una nueva misión en San Juan, sur República Dominicana.
    B. Abrimos una misión en Las Mercedes, en las montañas de Pedernales: con los esposos José Jean y Milene Lamour. Miembros de la iglesia haitiana de La Colonia que emigraron a ese lugar.
    C. Empezamos dos células en Juancho y en Enriquillo con dominicanos. Con planes de abrir dos nuevas misiones.
    D. Recibimos la iglesia de Mensias como miembro de la asociación local.
    E. Hemos logrado que decenas de esposos que aún no estaban casados, se organicen civilmente: al casarse por la iglesia y la oficialía civil.

II. **Logros materiales.**

   A. Adquirimos como donación un terreno para la iglesia dominicana en La Colonia.

   B. Adquirimos como donación otro terreno para los dominicanos en Oviedo. Y construimos una carpa para la iglesia.

   C. Adquirimos como donación la capilla de la iglesia haitiana de Pedernales.

   D. Y adquirimos como donación dos motocicletas para transportarnos a las diferentes misiones.

Gracias por su labor. Y gran trabajo a favor de las misiones en República Dominicana. Ruddy Carrera.

Aprovechamiento para la iglesia y la obra en general

Creo que sería más significativo citar a continuación, el testimonio de tres hermanos, de los más destacados como líderes de la iglesia local, para mejor valía de nuestras afirmaciones:

Entrevista. ¿Cree usted las disciplinas puestos en la marcha en nuestra iglesia, en los últimos meses ha sido efectiva?

Durante los últimos ocho meses, el Pastor de nuestra iglesia, Dr. Heberto Becerra, ha puesto en práctica un plan de aprendizaje relacionado con el discipulado cristiano eficiente en nuestra iglesia, así como también el desarrollo de un plan misionero efectivo el cual impulsó la predicación del evangelio en diferentes lugares en el mundo en donde se dificulta la llegada de este. Como resultado de estos programas, la visión captada por los líderes se percibe como positiva y eficaz. Los líderes aprendieron a inculcar estos conocimientos dentro de sus propias organizaciones de las cuales ellos son responsables. Como parte de la visión compartida, los líderes se sienten motivados a realizar sus trabajos con cada miembro de sus organizaciones y además con los otros miembros de la iglesia. La visión despliega el amor por las almas perdidas y los motiva a ayudar a las personas necesitadas.

A nuestra iglesia asisten entre 12 y 16 nacionalidades, lo que nos hace una iglesia multicultural y con diferentes idiosincrasias. Los conocimientos adquiridos por los líderes y miembros de la iglesia han ayudado a un crecimiento cultural asegurando que las diferentes edades sean tomadas en cuenta. Esto también ha motivado el amor hacia todos los hermanos de la iglesia sin discriminar el lugar de procedencia.

Ambos programas han servido de crecimiento en desarrollo y vida espiritual en los participantes. Por ejemplo, cada miembro se siente responsable por su crecimiento espiritual y por hacer crecer su propio conocimiento bíblico, así como también fortalecer su relación con Dios. En adición los participantes se sienten responsables de transmitir los conocimientos adquiridos a otros líderes, a sus familiares, y a otras personas que no conocen el evangelio. Además, dentro de los conocimientos adquiridos, aprendimos a no olvidar nuestras raíces bautistas arraigadas en bases bíblicas. Es saludable y al mismo tiempo recomendado estar al día de los adelantos tecnológicos, por ejemplo, el uso del PowerPoint, websites actualizadas de la iglesia, y otros medios sociales. Siempre y cuando esto no tome el lugar de nuestros principios bíblicos y nuestras maneras de relacionarnos con nuestro prójimo.

E- ¿Este programa, le ha inspirado para servir mejor?

Basado en estos programas impartidos, los líderes y demás miembros de la iglesia, nos sentimos inspirados a trabajar más arduamente en las cosas de Dios. Por ejemplo, los programas de discipulado cristiano y misiones de la iglesia han infundido un cambio en la visión de la iglesia y un fervor por una educación bíblica más avanzada. Como resultado de esta visión, la iglesia está comprometida financieramente a dar un mayor apoyo a todos los programas de educación cristiana, alcanzando las diferentes edades y culturas, incluyendo programas en español y en inglés. En conclusión, nos hemos dado cuenta de que mientras más dinero separamos en nuestro presupuesto para educación cristiana, evangelismo, y misiones, más se involucran todos los miembros de la iglesia en un crecimiento espiritual y en el deseo de participar en el trabajo evangelístico y misionero.[2]

[2] Rosemary Nieto, Ministro de Jóvenes. PIBHP, Florida.

Rosemary Nieto: Entrevista

¿Cree usted que nuestra estrategia de discipulado y misiones ha sido un buen proyecto?

Discipulado y evangelismo, dos conceptos tan antiguos como la iglesia misma, pero tan ignorados o poco experimentados en toda su trayectoria. Las iglesias que los han puesto en práctica se han convertido en adalides en la exposición del Evangelio con todas sus implicaciones benéficas. Partiendo del punto de vista del Señor Jesucristo y las enseñanzas apostólicas.

a. Nuestra iglesia ha cumplido su cometido en la medida que ha interpretado, y desarrollado su propia visión discipular y evangelística a la luz de factores determinantes como su entorno sociopolítico, cultural, geográfico y religioso.

b. Cuando estos son los únicos factores que lo han determinado todo, no le ha quedado a la iglesia otra salida, que la de hacer un autoexamen de sus bases teológicas, las convicciones individuales y la experiencia de conversión de cada miembro.

c. Cuando esto no ha sucedido, esas iglesias han sido relegadas al reconocimiento público de "grandes" y "progresivas" pero del *status quo*.

d. A mi iglesia la Primera Bautista Hispana de Plantation, le ha ocurrido la feliz experiencia en los últimos tiempos de incorporarse a la visión discipular y evangelística, sin perder de vista y práctica una adoración balanceada y un servicio cristiano de características neotestametarias.

e. Esto ha dado como resultado un discipulado continuo que ha preparado un liderazgo maduro y confiable, lo cual permite la continuidad de la escuela discipular, hasta el punto de que cuando un líder se ha mudado a otro lugar, la marcha de la iglesia no se detiene.

f. Como es evidente, una iglesia discipular será evangelística y misionera por antonomasia. Su visión es de puertas afuera y sus miembros sortean todas las barreras que se les presentan. Se han enfocado en nuevos ministerios en países del Caribe y de África. El Evangelismo, en todas sus manifestaciones, se ha convertido para nuestra iglesia en el instrumento para llevar a cabo la gran comisión.

g. Concluyo pues, que el trabajo de la Primera Iglesia Bautista Hispana de Plantation bajo el liderazgo de nuestro pastor Rev. Heberto Becerra, su esposa e hijos y toda su familia, unidos al liderazgo natural de la congregación han sido determinantes para que nuestra iglesia sea pionera en discipulado y evangelismo desde el sur de la Florida a necesitadas naciones del Caribe y África. El proyecto mayor o tesis del Dr. Becerra ha ubicado a esta iglesia en un engranaje estructurado, práctico y difícil de desintegrar.[3]

Rev. Guillermo Mora: Entrevista.

¿Cree usted que la visión misionera en nuestra iglesia ha sido significativa?

En el desarrollo de la visión misionera en nuestra iglesia aprendimos a ser siervos, a trabajar con propósito, a reconocer nuestras debilidades, a aceptar ser dirigidos por otros. Pudimos poner nuestra visión gradualmente por encima de nuestros intereses personales. Nuestro paso siguiente fue involucrar a la iglesia mediante entrenamientos y predicación misionera. El celebrar congresos misioneros involucrando a toda la iglesia fue uno de los pasos más importantes. Para ello establecimos un plan a base de la guía para líderes. El desafío fue Hechos 1:8, con fundamento en el proyecto del pastor.

Existía la idea conservadora de que la gran comisión era donde estaba localizada la iglesia y que debíamos llenar nuestras bancas en Plantation. Pudimos trasmitir nuestra visión abarcadora.

Los líderes trabajando en equipo reaccionaron organizando células de oración, ayunos y vigilias por el grupo a viajar. En nuestro desarrollo de esa visión el papel de nuestro pastor Dr. Heberto Becerra fue clave e instrumental en concretarla en sus predicaciones específicas y sus sermones sobre misiones apoyando ese ministerio. Su conocimiento

---

[3] Rev. Guillermo Mora, (miembro de la Iglesia) PIBH Plantation, Florida.

claro del desafío de Hechos 8:1, su llamado a ir personalmente, su apoyo para usar nuestros recursos para misiones a corto y largo alcance, fueron la punta de lanza de nuestra visión misionera.

Esto nos hizo desarrollar un deseo de investigación de etnias y costumbres transculturales, y a tener una apertura hacia diferentes culturas. Nos envolvimos en entrenamientos específicos, en cómo hacer misiones en otras culturas.

Aprendimos sobre la marcha que no vamos a otros lugares a cambiar costumbres, ni a imponer formas de adoración, sino a enseñarles del amor de Jesús a través de interactuar con ellos, demostrarles nuestro amor, amistad, aceptación y la verdad de la salvación.

Hoy día ese mensaje es nuestro único testigo, ya que la persecución de cristianos ha impedido que otros misioneros puedan viajar a esa área.

Esta ha sido la visión que nuestros líderes han implementado en todos los proyectos misioneros que se han ido desarrollando y que les ha ayudado a tener un desarrollo espiritual por las almas que se pierden, pudiendo vencer arraigos de conservadurismo.

Aprendimos a amarlos como él nos amó a nosotros. Nos dimos cuenta de que teníamos que salir de las cuatro paredes. Aprendimos a misionar como la iglesia primitiva con el ejemplo de Jesús, que se compadecía de los perdidos. Pudimos compaginar el amor con la necesidad física y espiritual en un balance equilibrado, los entrenamientos misioneros y el que muchos líderes vayan al campo misionero. El promover el ministerio misionero como un servicio ideal para los miembros, junto con involucrar a la iglesia, ha sido instrumental para que nuestra visión se concretizara venciendo cualquier arraigo de conservadurismo que nos impidiera crecer.

Los beneficios adquiridos nos han convertido en una iglesia más madura, más creciente y más consciente en la promoción de ofrendas misioneras.

Aprendimos a hacer alianzas con otras iglesias haitianas y dominicanas en la frontera con República Dominicana. Con el apoyo de doctores dominicanos, se ha podido ayudar a las necesidades apremiantes de estos dos grupos.

La labor de nuestros jóvenes interactuando con los niños, apoyándolos, amándolos y supliendo necesidades, en actividades variadas entre dominicanos y haitianos ha sido destacada. Esto ha sido posible porque hemos podido mantener a la iglesia involucrada en el proceso y trabajar mano a mano con todos los ministerios. Esta reciprocidad lograda entre todos ha sido importante para cumplir nuestras metas misioneras.

Nuestra visión misionera ha sido de gran impacto en la comunidad. El reconocimiento de nuestro pastor y nuestra iglesia a nivel local e internacional, a través de nuestro trabajo, nos ha colocado en la mira de otras iglesias que han quedado impactadas con nuestro trabajo. Nuestro pastor y líderes misioneros han podido compartir en diferentes entrenamientos, foros, iglesias sobre nuestro trabajo misionero sirviendo de humilde ejemplo a cada uno de los receptores de nuestro mensaje y motivando a otras iglesias a involucrarse en la práctica en el servicio misionero. Porque el proyecto o tesis en la que está implicado nuestro pastor ha abierto ventanas y nos ha dejado ver cosas que antes no alcanzábamos a ver.[4]

Raquel Escudero

Los programas de discipulado fueron y han seguido siendo exitosos. Los tiempos cambian y la forma de enseñar la Palabra también debe cambiar. La juventud está inmersa en la tecnología y la didáctica de la iglesia no puede ignorar esto. Nos hemos reunido en muchos grupos pequeños con toda la dinámica de una propuesta nueva y ello ha sido de bendición. Corresponder a las necesidades comunes, conocernos mejor, responder, ha traído bendiciones especiales a cada participante. La forma implementada para el discipulado ha logrado también el beneficio de la obligación diaria y sistemática de estudiar y aprender sobre la Palabra día a día. La experiencia de la oración y la relación con el Señor a través de ello, ha enriquecido la vida de todos en la iglesia.

Mabel Medina (Directora del ministerio de educación cristiana y discipulado)

Durante y después de los énfasis especiales sobre el trabajo misionero, se ha situado a la iglesia en una posición significativamente elevada.

[4] Raquel Escudero (miembro de la Iglesia) PIBH Plantation, Florida.

Tanto en nuestra Jerusalén (Plantation) como, hasta lo último de la tierra, la dinámica de estos esfuerzos ha redundado en miles de almas rendidas al Señor, nuevas iglesias plantadas y una visión amplísima de lo que significa y representa el trabajo misionero.

Elsa Ratzkov (Presidenta del Ministerio Misionero)
Como presidenta del ministerio de finanzas de la iglesia, doy fe de que todo el esfuerzo financiero que hemos realizado ha sido fructífero en gran manera. Estamos abiertos, como representantes de las finanzas de la iglesia, para continuar apoyando esta iniciativa para el cumplimiento de la Gran Comisión.

Marisel Ferrer (Presidenta del Ministerio de Finanzas)

APÉNDICE O

Itinerario del viaje misionero, del 22 al 29 de junio del 2013

Horario	Sábado 22	Domingo 23	Lunes 24	Martes 25	Miércoles 26	Jueves 27	Viernes 28	Sábado 29
Despertar	5:00am	7:00 am	6:30am	7:30 am	7:30am	7:30am	7:30am	6:00am
Desayuno	Aeropuerto	8:00am	7:00am	8:00am	8:00am	8:00am	8:00am	7:00am
8:00am-10:00am	Estar en la iglesia a las 5:45 am. Llevar $$ para desayunar. Vuelo salida a las 9:45 am.	Servicio unido de las Iglesias Haitianas en La Colonia de 9:00am- 12:00 Predica el Pastor	Bautizos en la Colonia a las 8:00 am.	Preparar materiales para llevar a La Colonia.	Preparar materiales para llevar a Los Cocos.	Preparar materiales para llevar a Los Pedernales.	Día Libre	Salida a Santo Domingo a las 8:00am.
10:00am-1:00pm	Llegar a Santo Domingo a las 11:55 am Almorzar en aeropuerto	12:00pm-1:00pm Regresar al hotel y almorzar. Cambiar ropa.	Fabricar carpa en Oviedo de 10:00am-1:00pm Almorzar en Oviedo a la 1:00	EBV en La Colonia de 10:am a 12:00pm Almorzar a las 12:30	EBV en Los Cocos de 10:am a 12:00pm Almorzar a las 12:30	EBV en Pedernales de 10:am a 12:00pm parte Dominicana Almorzar a las 12:30		Conducir 4-5 horas al aeropuerto.
1:00pm-4:00pm	Conducir a los Patos Llegar a las 4:00pm	Salida a Pedernales a la 1:30pm.	Visita a Nueva Rosa 2:00pm	EBV en Iglesia Oviedo de 2:00-4:00pm.	EBV en Iglesia de Juancho de 2:00-4:00pm.	EBV en Pedernales parte Haitiana de 2:00-4:00pm.		Vuelo a las 4:00pm.

Horario	Sábado 22	Domingo 23	Lunes 24	Martes 25	Miércoles 26	Jueves 27	Viernes 28	Sábado 29
Despertar	5:00am	7:00 am	6:30am	7:30 am	7:30am	7:30am	7:30am	6:00am
Desayuno	Aeropuerto	8:00am	7:00am	8:00am	8:00am	8:00am	8:00am	7:00am
4:00-10:00pm	Preparar clases y materiales para la Escuela Bíblica de Vacaciones (EBV). Preparar ropa y meriendas para llevar a diferentes lugares. Descansar.	Boda a las 5:00pm Regreso a hotel a las 10:00pm después de boda para preparar clases y descansar.	Cenar en Los Patos a las 6:00pm Preparar materiales y clases para EBV. Organizar ropa y meriendas, etc.	Cenar en Los Patos a las 6:00pm Preparar materiales y clases para EBV. Organizar ropa y meriendas, etc.	Cenar en Los Patos a las 6:00pm Preparar materiales y clases para EBV. Organizar ropa y meriendas, etc.	Cenar en Los Patos a las 6:00pm Preparar materiales y clases para EBV. Organizar ropa y meriendas, etc.	Empacar todas sus cosas para salir a Santo Domingo en la mañana.	Llegada a Miami, Florida a las 7:50pm.

APÉNDICE P

Reporte del viaje misionero de jóvenes a República Dominicana

Fecha	Asistieron	Profesiones de Fe
Domingo 6/23/13 Servicio en la Mañana Reunión de todas las iglesias haitianas (La Colonia)	253	15
Domingo 6/23/13 Noche 6:00pm-8:30pm Boda de Richardson (Pedernales)	130	-
Lunes 6/24/13 Mañana -8:30am – 10:00am Bautizos (Rio Colonia)	35	7 Bautizos
Lunes 6/24/13 Mañana 10:30am -4:30pm Construir Carpa y Mini templo en Oviedo-Se tardó tres días en construir Hombres trabajaron en la carpa y las mujeres invitaron a las familias de Oviedo a la Escuela Bíblica de Vacaciones	26	-

Fecha	Asistieron	Profesiones de Fe
Martes 6/25/13 Mañana 10:00am-12:30pm Colonia- Francesa (Fanesa) EBV 0-2 8 niños 3-5 47 niños 6-8 35 niños 9-12 35 niños 13-18 18 jóvenes Total: 143 niños (70 aceptaron a Cristo) Adultos 27 (2 aceptaron a Cristo) Ropa- Se repartieron 4 bolsas para mujeres embarazadas y vitaminas para 3 mujeres embarazadas (4 bolsas)	170	72
Martes 6/25/13 Tarde 2:00pm-4:30pm Oviedo (Trabajo en carpa también) 0-2 5 niños 3-5 31 niños 6-8 64 niños 9-12 40 niños 13-18 15 jóvenes Total: 155 niños (78 aceptaron a Cristo) Adultos 19 (2 aceptaron a Cristo) Ropa- Se repartió 4 bolsas para mujeres embarazadas, 5 bolsas de edad de 3-5, 4 bolsas de hombre, 1 bolsa de ropa familia, 3 bolsas de mujeres (17 bolsas)	174	80
Miércoles 6/26/13 Mañana 10:00am-12:30pm Los Cocos- Maestro Misael Asistieron hermanos de Nueva Rosa 3-5 20 niños 6-8 12 niños 9-12 21 niños (Se repartieron 21 Biblias a la clase) 13-18 12 jóvenes Total: 65 niños (32 aceptaron a Cristo) Adultos 8 Ropa- se repartió para 35 niños en Los Cocos y para 12 personas de la Nueva Rosa (47 bolsas)	73	32

Fecha	Asistieron	Profesiones de Fe
Miércoles 6/26/13 Tarde 2:00pm-4:30pm Juancho - Pastor Wilné 3-5 33 niños 6-8 35 niños 9-12 35 niños 13-18 15 jóvenes Total: 118 niños (84 aceptaron a Cristo) Adultos 24 Ropa- Se repartió para 35 niños y 25 adultos (70 bolsas)	142	84
Jueves 6/27/13 Mañana 10:00am-12:30pm Pedernales Dominicano 3-5 23 niños 6-8 27 niños 9-12 34 niños 13-18 28 jóvenes Total: 112 niños (73 aceptaron a Cristo) Adultos 4 Bautizos: 2 9 personas asistieron	125	73 2 Bautizos
Jueves 6/27/13 Tarde 2:00pm-5:00pm Pedernales Haitiano 3-5 82 niños 6-8 67 niños 9-12 68 niños 13-18 29 jóvenes Total: 246 niños Adultos 45 Ropa repartida: 50 bolsas para toda la familia	291	No se pudieron contar por tormenta, pero se les dio clase a todos los que estaban
Totales de La Semana	1,491	356 profesiones de fe y 9 bautizos
		Ropa repartida para 188 y para los pastores y sus familias
		Construcción de carpa-templo Dominicano en Oviedo

APÉNDICE Q

Reuniones del viaje de la misión

 Mission

Trip

Meetings

Please bring travel insurance money $27 with the name of your beneficiary and $25 for two t-shirts and a cap by Friday, June 14. We need this money ASAP.

Meetings Scheduled

Monday, 6/17 7:45-10:30pm	Evangelistic Training at 8:00pm/ Practice music/ Review classes
	Counselors organize clothes in luggages (Take your luggage home today)
Wednesday, 6/19 9:15-10:30pm	Practice music/ Review Classes/ Prayer
Friday, 6/21 9:30-10:30pm	Practice music after church/ Prayer
Saturday, 6/22	Be in church at 5:45am. Bring passport, ID, & parent letters if needed.

Monday, June 17, 2013

7:45-pm – 10:30pm		Schedule			
8:00pm – 8:45pm	Group meetings	Evangelistic Training Pastor Heberto Becerra			
8:45pm – 9:30pm		Ages 3-5 Dora Luz and Maria	Ages 6-8 Janette, David C., Valentina	Ages 9-12 Jonathan and Juliette	Youth 13-18 David O., Javy, and Angelit
		Music Practice			
9:30pm – 10:30pm		Practice	Moves	To	Songs on CD
		I suggest you record moves on phone and practice daily.			

Wednesday, June 19, 2013

9:15-pm – 10:30pm		Schedule			
9:15pm – 9:45pm	Group meetings	Practice Songs and moves.			
9:45pm – 10:15pm		Ages 3-5 Dora Luz and Maria	Ages 6-8 Janette, David C., Valentina	Ages 9-12 Jonathan and Juliette	Youth 13-18 David O., Javy, and Angelit
		Prayer			
10:15pm – 10:30pm		Pray God Blesses Us	And The Families	We Will Be Serving	
		I suggest you record moves on phone and practice daily.			

Friday, June 21, 2013

9:30-pm – 10:30pm	Schedule			
9:30pm – 10:00pm	Practice Songs and moves.			
10:00pm – 10:30pm	Ages 3-5 Dora Luz and Maria	Ages 6-8 Janette, David C., Valentina	Ages 9-12 Jonathan and Juliette	Youth 13-18 David O., Javy, and Angelit
	Prayer			

Bibliografía

Alexander, Pat y Alexander David. *El Nuevo Manual Bíblico Ilustrado.* Tercera Edición. Miami, FL: Editorial Unilit, 2002.

Álvarez, Carmelo. Bonilla, Plutarco. A. W. Dayton. Roberts. (Comité Editorial) *Diccionario de Historia de la Iglesia.* Miami, FL: Editorial Caribe, 1982.

Araña, Pedro. Escobar, Samuel. Padilla, René. *El Trino Dios y la Misión Integral.* Buenos Aires, Argentina: Kairos, 2003.

Barclay, William. *Comentario al Nuevo Testamento.* España: Editorial Clie, 1970.

Black, Rodolfo. *Teología y Misión en América Latina.* USA: Concordia Publishing House, 1996.

Butterfield, Herbert. *El Cristianismo y la Historia.* Buenos Aires, Argentina: Ediciones Carlos Lohlé, 1965.

Cairns, Earle Edwin. *Christianity through the Centuries.* Grand Rapids, MI: Zondervan, 1996.

Canales, F. *Liberalismo en Misión Integral.* Ediciones Buenos Aires, Argentina: Ediciones Kairos, 2000.

Cruz, Antonio. *Postmodernidad. El Evangelio ante el Desafío del Bienestar.* Barcelona, España: Editorial Terrasa Clie, 1996. Revisada 2003.

Cruz, Rev. Humberto. *La Cuarta Ola del Espíritu Santo.* Miami Garden, FL: Publicación Iglesia de Avivamiento Emmanuel, 2008.

Deiros, P. *Protestantismo en América Latina.* Nashville, TN: Caribe, 1997.

Dockery, David, George H. *Guía de Interpretación Bíblica.* USA: B.H. Publishing Group, 2005.

Donner, T. *Fe y Postmodernidad*. Barcelona, España: Editorial Clie, 2004.

Donovan, Richard Niell. *Recursos para Predicar*, 2007.

Dussel, Enrique. *Globalización, Extensión y Democracia en América Latina*. México, D.F.: Contrapuntos, 1997.

Evans, William. *Las Grandes Doctrinas de la Biblia*. Grand Rapids, MI: Editorial Portavoz, 1974.

Evely, L. *Una Religión para nuestro tiempo*. Salamanca, España: Ediciones Sígueme, 1965.

Foster, H. *Postmodernidad*. Barcelona, España: Kyrios, 1988.

Frickes, Robert. *Las Parábolas de Jesús*. USA: Editorial Mundo Hispano, 2009.

Galindo, F. *El Protestantismo Fundamentalista*. Madrid, España: Verbo Divino, 1992.

Garrison, David. *Movimientos de Plantación de Iglesias*. El Paso, TX: Mundo Hispano, 2006.

Genewilkes, C. *El Liderazgo de Jesús*. Nashville, TN: Lifeway Press, 2012.

Gibbs, Eddie. *La Iglesia del Futuro*. Doral, Miami: Editorial Peniel, 2005.

González, Justo L. *Historia del Pensamiento Cristiano*. Miami, FL: Editorial Unilit, 1994.

González, Justo. *La Historia como Ventana del Futuro*. Buenos Aires, Argentina: Editorial Kairos 2001.

Grudem, Wayne. *Systematic Theology: An Introduction to Biblical Doctrine*. USA: Inter-Varsaty Press and Zondervan Publishing House, 2000.

Hall, Clover Robert. *El Progreso de las Misiones Cristianas*. El Paso, TX: CBP, 1952.

Hanegraaff, Hank. *Cristianismo en Crisis*. Miami, FL: Editorial Unilit, 1993.

Henry, Mathew. *Comentario Exegético Devocional de la Bilbia*. Barcelona, España: Editorial Clie, 1983.

Hirsch, Alan. *Caminos Olvidados*. USA: Missional Press, 2009.

Hong, In Sik. *Una Iglesia Postmoderna*. Buenos Aires, Argentina: Editorial Kairos, 2001.

Ingenieros, José. *El Hombre Mediocre*. Buenos Aires, Argentina: Editorial Libertador, 1925.

Jamieson, Robert, A.R. Fausset and David Brown. *Comentarios Exegético y Explicativo de la Biblia*. El Paso, TX: C.B.P., 1982.

Jamieson, Robert. *Comentario Exegético de la Biblia*. El Paso, TX: C.B.P., 1980.

Johnson, Ernesto G. *Liderazgo desde la Cruz*. USA: Rio Grande Bible Institute, 2011.

Macarthur, John. *Liderazgo*. Nasville, TN: Grupo Nelson, 2006.

Mager, Robert F. *¿Cómo Formular Objetivos Didácticos?: El Primer paso para el éxito de la formación*. Barcelona, España: Editorial Gestion 2000, 1997.

Mardones, J. M. *Las Nuevas Formas de la Religión*. España: Editorial Verbo Divino.1994.

Maston, T. B. *Como Vivir en el Mundo de Hoy*. El Paso, Texas: CBP, 1987.

Maxwell, John C. *Las 21 Leyes Irrefutables Del Liderazgo*. Nashville, TN: Thomas Nelson Publishers, 1998.

Mittelberg, Mark. *Edifique una Iglesia Contagiosa*. Miami, FL: Editorial Vida, 2005.

Moore, Beth. *Daniel. Vidas de Integridad. Palabras de Profecías*. USA: Lifeway Press, 2007.

Moore, Beth. *El Discípulo Amado. Un viaje con Juan al Corazón de Jesús*. USA: B& H. Publishing Group, 2004.

Nelson, Wilton M. *Dicionario de Historia de la Iglesia*. Miami FL: Editorial Caribe, 1989.

Núñez, Miguel. *Una Iglesia Conforme al Corazón de Dios*. Grand Rapids, MI: Editorial Portavoz, 2011.

Olson, David. *The American Church in Crisis*. Grand Rapids, MI: Zondervan, 2008.

Padilla, René. *¿Qué es la Misión Integral?* Buenos Aires, Argentina: Kairos, 2009.

Padilla, René. *Ser, Hacer y Decir. Bases Bíblicas de la Misión Integral*. Buenos Aires, Argentina: Kairos, 2006.

Paredes, Tito. *El Evangelio: Un Tesoro en Vasijas de Barro*. Buenos Aires, Argentina: Kairos, 1995.

Piedra, A. *Lo Nuevo en la Realidad del Protestantismo Latinoamericano*. Buenos Aires, Argentina: Kairos, 2003.

Powell, Brae. *Cambia tu Iglesia para Bien*. Nasville, TN: Editorial Grupo Nelson, 2010.

Rainer, Thom S. *The Book of Church Growth*. Nashville, TN: B&H Publishing Group, 1993.

Rainer, Thom S. y Eric Geiger. *Iglesias Simples*. Nashville, TN: B&H Publishing Group, 2007.

Rainer, Thom S. *Iglesias Exitosas*. Miami, FL: Editorial Vida, 2007.

Rand, WW. *Diccionario de la Biblia. Caribe*. USA: Editorial Caribe, 1992.

Sánchez, Daniel, Ebbie Smith y Watke E. Curtis. *¿Cómo Sembrar Iglesias en el Siglo XXI?* El Paso, TX: CBP, 2001.

Shirer, Priscilla. *Jonás*. Nashville. TN: Lifeway Press, 2011.

Sopena, *Nuevo Diccionario en Español*. Barcelona, España: Editorial R. Sopena, 1970.

Stam, John. *Apocalipsis*. Buenos Aires, Argentina: Kairos, 1999.

Stanley, Charles. *El Éxito a la Manera de Dios*. Nasville, TN: Grupo Nelson, 2000.

Suárez, Gustavo V. *Connections: Linking People and Principles for Dynamic Church Multiplication*. U.S.A: Baxter Press, 2004.

Tornier, P. *De la Soledad a la Comunidad*. Barcelona, España: Andamio, 1997.

Vyhmrister, Nancy Jean. *Manual de Investigación Teológicas*. Miami, FL: Editorial Vida, 2009.

Warren, Rick. *40 Días de Amor*. California: Saddleback Publishing, 2009.

Warren, Rick. *40 Días de Comunidad*. California: Saddleback Publishing, 2012.

Warren, Rick. *40 Días en la Palabra*. California: Saddleback Publishing, 2012.

Warren, Rick. *Administración de la Vida*. California: Saddleback Publishing, 2010.

William, Evans. *Las Grandes Doctrinas de la Biblia*. Grand Rapids, MI: Editorial Portavoz, 1974.

Witt, Marcos. *Adoremos*. Nashville, TN: Editorial Caribe, 1993.

Documentos Electrónicos, Periódicos, Informes de la Iglesia y Entrevistados (PIBHP)

Acta de Junta de Negocios, P.I.B.H.P, 23 de agosto, 1995.

Boletín del Templo Bautista Jerusalén, 1 de julio, 1973.

Boletín Templo Bautista Jerusalén, 1980.

Brochure Beachfeast Luis Palau, Fort Lauderdale. 2003.

Constitución de la Primera Iglesia Bautista Hispana de Plantation, 1996.

Cuestionario Likert, entrevistadas doce personas: #1-Alpizar, Rebeca, #2- Cordero, José Jaime #3- Costales Iván #4- Ferrer, Marisel #5- Díaz, Nelson #6- Domínguez, Faustino #7- García, Samuel #8- Guasone, María #9- Mendiola Yasmeydy #10- Moriyon, Mabel #11-Naranjo, José Ángel #12-Rodríguez, Carlo.

Cuestionario sobre la Comunidad, entrevistadas doce personas: #1-Arias, Domingo #2- Costales Iván #3- Díaz, Nelson #4- Domínguez, Faustino #5- García, Oscar #6- García, Samuel #7- Gálvez, Eddie #8- Jaime, Julio #10- Mendiola Yasmeydy #11- Rodríguez, Carlos #12- Román Elías.

Florida Collection Tomo II, Helen B. Hoffman Plantation Library, 12 de agosto, 2010.

Florida Collection, Tomo I Helen B. Hoffman Library, 14 de marzo,1999.

Ft Lauderdale News Sun-Sentinel, 7 de julio, 1973.

Ft Lauderdale News Sun-Sentinel, 22 de octubre, 1972.

Informe Misionero Viaje a Pedernales en Rep. Dominicana, 5-9 de enero, 2012.

Informe Misionero Viaje a República Dominicana, 16-23 de julio, 2011.

Informe Misionero Viaje a Nigeria, 31 de agosto a 15 de septiembre, 2007.

Ministerio Discipulado directora Jacqueline Becerra, informe trimestral, del 6 de marzo al 29 mayo de 2012.

Movilización Hispana. IMB. Libro de Devocionales. "El Propósito de la Iglesia". Mayo – julio, 2012.

Periódico El Heraldo de Broward, 15 de octubre, 1975.

Plantation Historical Sociality, 15 de octubre, 1974.

Wolfson Valladares, Ellen, Christina Wood y Stuart B. Melver. *Plantation: A Gracious Florida City*. USA: Copperfield Publications, Inc., 2002. Página 116.

www.Plantation.org/cityofplantation

www.Plantation.org/demographics

www.Plantation.org/plantation/worship

www.Sun-Sentinal.com News-Broward.